NPOの
リスクマネジメント

NPO経営成功の鍵

上田和勇・岩坂健志　著

東京　**白桃書房**　神田

はしがき

　日本においてここ数年，NPO活動は急速な発展を遂げています。しかし，一般的に組織の規模は小さく，スタッフ不足や資金不足でその運営に四苦八苦しているところが多いのが現状です。NPOの場合，組織が脆弱であるがゆえに，リスクマネジメントで取り扱う事故が起きた場合，その存続がたちまち危機に陥ることになります。

　また，NPOは非営利ゆえに組織の目標が必ずしも明確でなく，また，利益を優先させる企業に比べ，組織の成果を数字として厳しく問われることもあまりありません。その意味において企業に比べNPOはリスクマネジメントに対する意識が低いともいえます。

　こうした現状を踏まえ，本書はNPOのリスクマネジメントについて，NPO活動に直接・間接に携わる実務家やNPOを勉強している学生を対象にわかりやすく解説したものです。NPOのリスクマネジメントをテーマに一般向けに書かれた本では日本で唯一の本です。また，NPO活動そのものについても解説を入れてありますので，これからNPOを学ぼうとする人々にも参考になると思います。

　また，本書の主題はNPOのリスクマネジメントにありますが，ここに書かれてあることはNPO以外の非営利活動である，NPOの法人格を持たないボランティア団体・サークル活動や企業・行政における社会貢献活動にも役に立ちます。

　本書にはいくつかの特徴があります。まずはリスクマネジメントを単なる「危険管理」と捉えるのではなく，積極的にチャンスと捉え組織価値を向上させる手段としていることです。リスクマネジメントを自動車の運転に例えるならば，従来のリスクマネジメントは交通事故を起こさないようにブレーキを踏み続けることだけを議論していました。しかし，ブレーキはアクセルを踏むために存在するものであり，ブレーキを踏み続けるだけであれば車はやがて止まってしまいます。本書の考えでは，アクセルを今以上に踏み込み，必要に応じて車の性能を上げるために，ブレーキであるリスクマネジメントを強化するという考

えに沿っています。自動車の運転でいえばより安全により早く目的地に到達することになります。NPOでいえば，本書が目的とする組織価値を向上させることになります。

このように，本書がいうリスクマネジメントは従来に無い考え方をしており，また，その具体的な方法を述べてありますのでぜひ参考にしてください。

次に本書の特徴は執筆者及び執筆協力者にあります。執筆者は上田・岩坂ですが，上田はリスクマネジメントを専門とする大学教員であり理論面での柱となっています。岩坂はリスクマネジメントを専門とする損害保険会社に勤務経験のある実務家です。また，上田・岩坂は実際に協働してNPOのリスクマネジメントのお手伝いをしており，その時の経験も生かされています。NPO・リスクマネジメント・オフィス代表の中原美香さんには執筆協力者として大変お世話になりました。中原さんはNPOのリスクマネジメントを専門に活動をされており，NPOの立場から様々な助言をいただきました。すなわち，本書は学術的な理論ばかりでなく，実務的なNPOの視点と企業の視点を取り入れてリスクマネジメントを解説しています。人は立場によって，その着眼点や重視する点が変わります。リスクマネジメントも例外ではありません。本書は学術，NPO，企業の立場からそれぞれの長所を生かして，より実務に役立つように執筆を行っています。

巻末に「リスクマネジメントのためのワークシート」を付けてあります。

その作業手順に沿って，簡単に基礎的なリスクマネジメントができるように工夫してあります。本書を一読していただいた後，ぜひ，リスクマネジメントに着手してみてください。

本書を刊行するにあたり，白桃書房の大矢栄一郎社長には大変お世話になりました。我々の意図を汲み取っていただき，出版にご協力いただけたことに感謝いたします。

本書がNPO組織の強化とより良いNPO活動に役立ち，ひいては，世の中に貢献できることを願っております。

執筆者一同
2009年初夏

【目次】

はしがき·· i

第1章 注目されるNPO

1. NPOとは ··· 1
2. NPOの活躍例 ·· 8
3. NPOが求められる背景 ·· 9
   (1) 深刻化する環境問題 ··· 9
   (2) 貧困問題とのかかわり ·· 11
   (3) モノから心へ ·· 11
   (4) 既存の組織のすき間・欠点を埋める組織の必要性 ······································ 12
4. NPOの役割 ·· 13

第2章 NPOの現状と組織管理

1. NPOセクターの現状とマネジメント意識 ··· 16
2. NPOサービスの付加価値提供とリスク ··· 18
3. 危機管理のためのリスクマネジメント ··· 20
   (1) NPO活動とリスク ··· 20
   (2) 「リスクマネジメント＝活動を萎縮させるもの」？ ································· 21
   (3) 法令遵守とNPOの社会的責任 ··· 25
   (4) マネジメントのPDCAサイクル ··· 25
4. NPOの価値向上のためのリスクマネジメント ·· 25

iii

第3章 リスクとリスクマネジメントの理解

1. リスクの理解 ··· 29
2. リスクの特徴 ··· 30
3. リスクマネジメント・プロセス ·· 40
   (1) 「組織に関するリスク状況の理解」,「問題の発見と状況の確定」··· 41
   (2) 組織のリスク発見 ·· 43
   (3) 組織のリスク評価と分析 ·· 46
   (4) リスク対応 ·· 49

第4章 NPOのリスクマネジメントの実際

1. NPO特有のリスク ··· 54
   (1) リスクの特徴 ·· 54
   (2) 組織に蓄積されないノウハウ,ネットワーク ····························· 57
   (3) ミッションと外的環境を常にみる ··· 57
   (4) 運営リスクと活動リスク ·· 58
   (5) 重要な「こころのダメージ」 ·· 59
   (6) 行政との関わり ··· 60
2. 人に関するリスクマネジメント ··· 60
   (1) ボランティア・マネジメント ·· 61
   (2) 「リーダー」というリスク ··· 63
   (3) イベント参加者のリスク ··· 65
3. モノに関するリスクマネジメント ··· 66
   (1) リスクの概要 ·· 66

| | (2) 施設管理 | 67 |

4．お金に関するリスクマネジメント ... 70
| | (1) 現金等の管理 | 70 |
| | (2) 運営資金のリスク | 71 |

5．情報に関するリスクマネジメント ... 73
| | (1) 情報管理 | 73 |
| | (2) マスコミ対応 | 75 |

6．コンプライアンスに関するリスクマネジメント ... 76

7．保険 ... 77
| | (1) 保険の概要 | 77 |
| | (2) 各種保険加入における留意点 | 79 |

8．事業別リスクマネジメントの特徴 ... 80
	(1) 社会福祉サービスのリスクマネジメント	80
	(2) ドメステック・バイオレンス（DV）シェルターのリスクマネジメント	80
	(3) 国際協力団体のリスクマネジメント	81
	(4) 野外活動におけるリスクマネジメント	82

第5章　NPOのリスクマネジメントの将来

1．海外における先進的NPOリスクマネジメント ... 84
2．企業に学ぶリスクマネジメントの成功例 ... 91
| | (1) リスクマネジメントを効果的に行うのに必要な要因の理解 | 92 |

3．NPOにおける社会的責任とリスクマネジメントを考える ... 97
	(1) 企業の存在意義とNPOの存在意義	97
	(2) CSRとNPOの社会的責任	99
	(3) NPOの社会的責任の遂行	101

リスクマネジメントのためのワークシート·······104
用語集·······111

注目されるNPO

1．NPOとは

　「NPO」の文字をメディアで見かけるのに違和感がなくなってきました。また，個別のNPOの活動・活躍風景もあちこちで紹介されるようになってきました。多くの書籍等で「NPOとは何か」についてすでに紹介されていますので，ここでは詳細を省き，簡単に説明します。

　NPOとは英語のNonprofit Organizationの略で，日本語では「非営利組織」「民間非営利組織」などと訳されています。本来この言葉に法人格の有無は関係ありません。しかし，日本では1998年に施行された「特定非営利活動促進法」に基づいて認証をうけた組織のみ「NPO」と呼ぶこともあります。有給スタッフがいることを前提にして，無給スタッフによって運営されている組織を「ボランティア団体」とし，区別している人もあるようです。また法人格を持っていない任意団体のことも含めてNPOと呼ぶ人たちもいます。企業と違い，NPOには人それぞれの思いによって何が入り，何が排除されるかが違うので，注意が必要です。

　さらに，「非営利」に着眼すれば，広くみると民法34条を根拠とする社団法人や財団法人といった公益法人や，各種協同組合法によって設立される協同組合なども含まれます。分類については，たとえば**図表１－１**が参考になります。

　ここでは，「NPO」というときに，特に断っていない場合は，広義に捉え

1

図表1-1　NPOをめぐる諸概念の構成

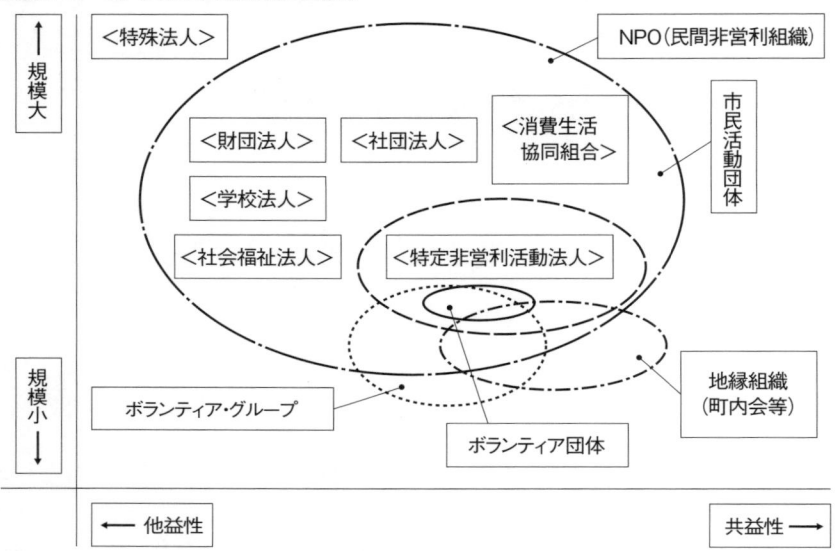

出典：山岡義典「NPOの意義と現状」『NPO基礎講座』ぎょうせい，1999年。

て広くより良い社会のために非営利で活動している組織を指します。「NPO法人」というときは，特定非営利活動法人の略称です。

　また，NPOのタイプにはいくつかの類型があります。伝統的な無償・ボランティアを中心とした「慈善型NPO」や企業活動や政府活動を監視・批判し要求をおこなう「監視・批判型NPO」があります。これに比べ「事業型NPO」は主に80～90年代以降にあらわれ，プロのスタッフを中心とした運営によって，有償事業を通して，社会性と収益性のバランスを取りながら自らのミッションを達成しようとするものです。

　これらNPOのタイプの特徴をまとめると以下のとおりとなります（**図表1－2**）。

図表1－2　NPOの3つのタイプの特徴

	慈善型NPO	監視・批判型NPO	事業型NPO
時期	伝統的	主に60年代後半～70年代以降	主に80年代～90年代以降
活動内容	慈善活動	企業・政府活動の監視・批判，要求	社会的サービスの提供，調査・情報提供
組織運営	アマチュアリズム・ボランティア（⇒プロのスタッフによる運営も）	アマチュアリズム・ボランティア／プロのスタッフによる運営	プロのスタッフによる運営
主たる資金源	寄付	寄付	事業収益
企業・政府との関係	独立（⇒コラボレーションも）	独立	独立／コラボレーション

出典：谷本寛治・田尾雅夫『NPOと事業』，ミネルヴァ書房，2002年。

特定非営利活動促進法

　1996年は，「ボランティア元年」とも言われました。この年1月17日に発生した阪神淡路大震災においてボランティアとして被災者救援や復興支援に多くの人たちが関わったことから，民間の自主的な思いや力で社会的な課題に取り組む組織に法人格を付与することで活動をしやすくし，社会的な認知と信用を高めようという動きが高まったのです。

　特定非営利活動促進法が施行される以前には，任意団体（「法人格なき社団」）として活動していた多くの組織は，法人格がないために事務所や銀行口座から電話回線にいたるまで，組織としてではなく，代表など個人の名前でしか契約を結ぶことができませんでした。法人格がないことから，行政の委託を受けられるケースも少なく，実績や社会的認知をあげることができずにいました。銀行口座の名義に個人名が入っていれば，寄付をしようと思っても「個人の懐に入ってしまうのではないか」と疑ってしまう人がいても仕方のないことでしょう。

　このような任意団体の欠点を克服するために，契約の主体となることができ，社会的にも信用を得られるであろう法人格を付与し，活動をしやすくす

るために議員立法で成立したのが特定非営利活動促進法(通称「NPO法」)です。2008年10月31日現在,35,858のNPO法人が内閣府あるいは所轄の都道府県によって認証されています(http://www.unic.or.jp/know/kensyo.htm, 2008年12月11日)。

　現在,特定非営利活動促進法では,NPOの活動分野を次の17に限定しています(第2条別表)。

1. 保健,医療又は福祉の増進を図る活動
2. 社会教育の推進を図る活動
3. まちづくりの推進を図る活動
4. 学術,文化,芸術又はスポーツの振興を図る活動
5. 環境の保全を図る活動
6. 災害救援活動
7. 地域安全活動
8. 人権の擁護又は平和の推進を図る活動
9. 国際協力の活動
10. 男女共同参画社会の形成の促進を図る活動
11. 子どもの健全育成を図る活動
12. 情報化社会の発展を図る活動
13. 科学技術の振興を図る活動
14. 経済活動の活性化を図る活動
15. 職業能力の開発又は雇用機会の拡充を支援する活動
16. 消費者の保護を図る活動
17. 前各号に掲げる活動を行う団体の運営又は活動に関する連絡助言又は援助の活動

　2005年5月1日の法改正にあたり,4番目の分野が「文化,芸術…」から「学術,文化,芸術…」と変更,そして従来12番目にあった分野が17番目となり,新項目として現在の12〜16項目が追加されました。

「非営利」とは

「非営利」とはどういう意味でしょうか。アメリカのレスター・サラモン（Salamon）教授は，NPOの定義として，

1　フォーマルな組織である
2　非政府性
3　非営利分配
4　自己統治性
5　自発性
6　公益性

(Salamon, Lester M., *America's Nonprofit Sector*, The Foundation Center, 1992. 入江映訳『米国の非営利セクター入門』ダイヤモンド社，1994年)

の6つを挙げています。3つめの「非営利分配」は，利潤を構成員の間で分配しないということです。利益をあげてはいけないということではありません。「非営利（nonprofit）」という言葉が誤解をうみやすいので，アメリカでもNot-for-profit organization（NFP）という用語が使われることもあります。他にも市民社会組織（civil society organization，CSO）などの呼び方があります。したがってNPOとは，「民間の営利組織ではなく，政府機関でもない，民間の利潤の追求を目的としない組織」のことを指します。市民活動組織，市民運動組織などと呼ぶこともあります。

　非営利セクターと呼び，アメリカでは独立セクター（independent sector）や第三セクター（third sector）と呼ばれることもあります。イギリスではチャリティ（charity）という呼称が用いられています。

NGOとNPO

　NGO（非政府組織）とNPO（非営利組織）は別物と考える人もいます。NGOは国際協力団体でNPOは国内で活動する団体という見方もありますが，本来は組織の活動内容ではなく，「組織の形態をどの軸でみるか」の差にすぎません。NGOが政府機関か否かで組織を分けて政府機関ではない組織を指す一方で，NPOは利潤の追求を目的とするかどうかで組織をみたときに利潤の

追求を目的としない組織を指します。

　既存の組織とは異なる形態の組織としてNPOやNGOが語られることも多いですが,「反」営利・「反」政府ではないことにも留意すべきです。とはいえ,企業からの寄付や政府からの助成金,補助金をもらうために,金銭的に依存したり,特定の企業や行政の活動の是正を求めて行動したいが金銭的な関係もありできない・・・ということがないように,適度な緊張関係を保つ必要があるでしょう。後述しますが,資金提供元のこれもNPOのリスクです。寄付や補助金を受けている相手でも,批判をする必要があるときにはその金銭を返金してでも社会正義をつらぬけるかどうかは,NPOのアイデンティティのリスクへの取り組みでもあるといえます。

　NGOという言葉は,国連憲章71条「経済社会理事会は,その権限内にある事項に関係のある民間団体と協議するために,適当な取り決めを行うことができる。この取り決めは,国際団体との間に,また,適当な場合には,関係のある国際連合加盟国と協議した後に国内団体との間に行うことができる。」（http://www.unic.or.jp/know/kensyo.htm, 2006年7月2日）[1]に出てくる用語であり,またNGOの国連における立場を規定したものです。

　上記のようなNPOが利潤の追求を目的としている営利組織と異なる「非営利組織」であるという点では,政府も「非営利」です。しかし,NPOというとき,通常は民間の組織のみを指します。混同しないように,「NPO」には「民間の」という意味を表す英語は入っていませんが,「民間非営利組織」と呼ぶこともあります。ここには「NGO」の要素もすでに入っているわけです。

ボランティア

　NPOは組織でボランティアは個人または活動のことを指します。ボランティアのみによって運営されているNPOはボランティア団体・組織とも呼ばれます。ボランティアという言葉そのものに「有償か否か」という意味はありません[2]。しかし,NPOで「ボランティア」というときは,多くの場合,「自発性・主体性の原則」,「社会性・連帯性の原則」,「無給性・無償性の原則」,そして「創造性・先駆性・開拓性の原則」に基づいています。

　活動を手伝うことでNPOを支えるボランティアもいれば,無給でNPOの

理事を務めるボランティアもいます。一部有償のボランティアもいますが，本来，ボランティアは無給・無償が原則です。

NPOの「姿」

　任意団体まで含めるとどの程度の数があるのか，把握するのは困難です。特定非営利活動法人や社会福祉法人，社団法人や財団法人など，数字がはっきりわかるものもありますが，任意団体になると認証や認可を受けていないので実数は不明です。

　内閣府国民生活局が2006年5月に発行した「平成17年度市民活動団体基本調査　報告書」では，2005年3月末までに設立認証された3,000のNPOを無作為に抽出し調査を行いました（回答数1,010）。その調査によると，年間収入1,000万円未満の法人が約6割を占め，平均値は2,147万円，中央値は365万円でした（同報告書p.2）。年間収入も，一部の介護保険事業者や国際協力団体などは億を超える年間収入があるところもありますので，そのような団体が数値を押し上げていることは推察されます。資産・負債が100万円未満の法人が43.2％，55.1％（同p.12）で，さらに規模が小さくなります。「1法人あたりの平均値は，資産1,473万円，負債646万円で，中央地は資産88万円，負債9万円」（同p.12）でした。1法人あたりの平均職員数は6.6人で，うち有給の者は5.0人（同p.3）で，まったく職員を置いていない法人が19.5％（同p.16）と，5分の1にのぼりました。理事の数は1法人あたり平均値は8.2人（同p.15）です。

　数字だけでは，全容が捉え切れるものではありませんが，現在3万を超えたNPO法人にこれらの数値をあてはめて計算すると，15万人がNPOから何らかの給料を受け取り，25万人近くが理事を務めていることになります。さらに社員（NPO法人の構成員）やボランティアや会員，寄付者，協力者などを加えると，延べ人数ではありますが，NPO法人だけみても多くの人々を巻き込んでいることが想像できるでしょう。そしてこれらのNPO法人が提供するサービスを利用したり，実施する行事などに参加する人々の数を考えると，NPOに何らかの形で関わる人の延べ人数はもっと増えるわけです。それだけの人数が関わっているとき，組織としては小規模でも，活動に法的・社会的

責任が伴なってくることに疑問の余地はないのです。

2．NPOの活躍例

　NPOは，社会で様々な役割を果たしながら，活躍しています。
　たとえば戦争・紛争下にある国や地域で，医療や薬を得られない人々の支援のために，医師や看護師を現地に派遣したり，必要な医薬品や機材を提供するNPOの活動があります。1999年にノーベル平和賞を受賞した「国境なき医師団」はその代表例です。また，恵まれない子供たちへの世界的な支援活動もあります。世界的には「ワールド・ビジョン」「セーブ・ザ・チルドレン」などが有名であり，その日本拠点も日本でトップクラスの資金集めを行っています。
　日本で少なくなってきた里山を保全して，人と自然の共生をはかろうとする活動もあります。筆者が親しくしている先ですが東京都日の出町の「花咲き村」のように環境と福祉を融合させたユニークな活動をしているところもあります。
　企業活動における児童労働をなくそうという活動もあります。ドメスティック・バイオレンス（DV）や子どもの虐待に関する電話相談やシェルター（避難所）の運営を通じた女性や子どもへの支援や，草の根国際交流活動など，また，国内外でのマイノリティ（少数者）の権利擁護や生活の向上のための政府や国際機関への政策提言や企業との対話の実施，また社会的に不利な立場に置かれている人々への教育・就業支援活動など，現行法制度において「とりこぼされた」人々がこうむる社会的・政治的・経済的な不利益について，人権の観点から取り組む活動もあります。
　環境活動もNPO活動の重要な分野です。地球温暖化を防止するために政策提言活動や環境教育などを行っています。環境保護団体である「グリーンピース」が提言を行い，パナソニック（松下電器）がノンフロン冷蔵庫の開発を行ったのはNPOと企業の協働における成功事例として有名です。また，茨城県にある「アサザ基金」は環境教育と霞ヶ浦の浄化活動を結びつけ，また，今まで魚師がすてていた外来魚を魚粉肥料として再生させる事により，環境

活動と事業を両立させようとユニークな活動を行っています[8]。

　障がい者や高齢者が施設ではなく地域で過ごせるように自立生活を支援する活動，地域で暮らす外国人の生活支援や子どもたちの居場所づくりや子育て中の親への育児支援活動などもあります。「フローレンス」は働くお母さんのための病児保育サービスを提供しており，社会企業家＊としても注目されています[9]。

　そしてこれらの活動をすすめる組織への運営支援活動もあります。各地にNPOセンターといったNPOを支援する組織が存在します。「ソーシャル・イノベーション・ジャパン」のように社会企業家の育成を目的として，NPO同士，NPOと企業のネットワークづくりを行っているところもあります[10]。

　このようにNPOは社会の様々な課題に取り組んでいます。また，これは自発的に共通の価値観や目標のもとに集まった人たちによって支えられています。

　これら活動には，継続的に活動する組織もあれば，所期の目的が達成されれば活動を終了し，解散する組織もあります。

3．NPOが求められる背景

　NPOが求められる背景と役割を考える場合，まずは大きな時代の流れをみてみたいと思います。

　21世紀に入って大きな変化とパラダイムシフトが起きていると言われます。それは様々な分野で現われているといえます。

(1) 深刻化する環境問題

　まずは，環境問題とそれに付随した価値観の変化です。

　昔は日本の環境問題といえばいわゆる公害問題でした。地域限定型でかつ被害者と加害者がはっきりしていました。しかし，今の環境問題は全世界的な規模であり，かつ，加害者と被害者がはっきりしません。最も重要とされる地球温暖化問題は，主に先進国において1人ひとりが多大なエネルギー消費をする生活スタイルに起因しています。あえていえば先進国が加害者なの

ですが，それは漠としています。また，中国からの化学物質が日本に到来し，日本で酸性雨の原因になっています。しかし，安い中国製品をその環境影響も考えず購入しているのは我々日本人であり，その意味においては，日本は酸性雨の被害者であり加害者なのです。

　地球温暖化問題の原因は，産業革命以後の化石燃料の莫大な使用とそれに伴う大気中の二酸化炭素の蓄積にあると言われています。一方，安価で効率的にエネルギーを取り出すことができる化石燃料は人類に多大な恩恵をもたらしました。人類は化石燃料を求めて国家レベルや大企業レベルでより大きなかつ効率的な方法を求めてきました。また，それがそのまま利益にもつながりました。そのため，集中かつ大型化し利益を成長させることが重要視されました。

　しかし，化石燃料をこれ以上使用することには限界があり，地球温暖化問題の解決には別な方法を考えなければいけません。ところが，化石燃料のように大量に安価に使えるエネルギー源は今のところ見当たりません。いわゆるクリーンエネルギーといわれる，バイオ燃料の使用にしろ，風力発電にせよ，化石燃料のように大量供給は不可能です。ただし，農業が盛んで広大な土地があれば植物性のバイオ燃料を作ることが合理的です。また，風が常時吹いているところでは風力発電が有効です。このように，エネルギー問題を解決するためには，小規模でも分散型の方法が必要となります。また，一般的にクリーンエネルギーはコストが高く利益性が低いと言われています。しかし，環境問題を解決するためには多少高くてもそれを導入する必要があることでしょう。まさに，小規模で分散型，そして利益性が低いことも含めて取り組まなければいけません。化石燃料を使用する場合に重要視されることと全く反対な価値観で行動することになります。

　NPOはこの価値観にきわめてマッチします。もちろん，世界的な大規模なNPOもありますが，大多数は小さくかつ地元に密着しています。また，労働力もボランティアを中心としています。組織の目的としてもNPOですから利益を優先させるわけではありません。まさに，NPOは新しい価値観に沿った行動が取れる組織として環境問題の解決に大きな役割を果たすことができるといえます。

(2) 貧困問題との関わり

　貧困問題は昔から言われていますが，21世紀に入ってこれをそのまま放置しておくことが今まで以上に深刻になりました。まずは環境問題とも大きな関係があります。今までは地球に余裕があり，発展途上国と先進国との間の格差を容認できてきたのですが，今後はそうはいきません。

　まずは人口爆発です。発展途上国における人口増加はとどまるところを知りません。人口が増加すると，今までの自然の恵みだけでは暮して行けず，自らの環境を破壊してしまいます。また，人口増加に伴い食糧，水，エネルギー不足が深刻化してきます。これは単に発展途上国の問題にとどまらず，全世界に大きな影響を与えることとなります。

　また，先進諸国では，発展途上国の環境を破壊しながら資源を確保しています。鉱山の露天掘りによる環境破壊，森林を破壊して食糧やバイオ燃料を作る畑に転換しています。

　ここ10年間に史上最悪と呼ばれる自然災害が発展途上国で頻発しています。たとえば，発展途上国の山間部において，人口増加と貧困で材木を売るために生活区域の森林を破壊してしまい，その結果，山の恵みは失われ，人々は山間部で生活できなくなります。人々は新しい職を求めて都市に出ますが，貧しい人々は教育を受けているわけではありませんし，結局はスラム街を形成します。そして，大雨が降ると山間部に森林はないため，都市にあるスラム街を直接洪水が襲うことになります。

　貧困問題の解決には昔から様々なNGOが活躍してきましたが，この問題が深刻化する中，益々NGO（NPO）の重要性が問われることとなります。

(3) モノから心へ

　これは主に先進国，特に日本において顕著なことかもしれません。今や日本はGDP（国内総生産）世界第2位の経済大国です。一般の家庭には物があふれ，世界中のものがお金さえあればすぐに手に入ります。また，世界中のおいしい料理も食べることができます。

　しかし，日本では年間3万人以上の人が自殺しています。これは交通事故

で亡くなる方の4倍以上の数字です。3万人が実際に自殺するにはその10倍，すなわち30万人が常時死を考えており，その10倍，すなわち300万人の人々が心の病を持っているといわれています。

引きこもりや不登校も社会問題となっています。引きこもりや不登校には様々な原因があるのでしょうが，少なくとも，現代社会で生活することへの不安や恐れが影響しています。また，いじめも心の問題です。人をいじめることにより自分が安堵感を得る。大人のストレスが子供のいじめにつながっているという人もいます。純粋な若者にはこの物にあふれ何でも手に入る社会が怖いものとして映っているのでしょう。

団塊の世代が定年を迎えていますが，老後は海外へのグルメツアーよりも，自然を楽しむエコツアーやお遍路を行うツアーの方の人気が高まっているそうです。

日本は，第二次世界大戦に敗北し世界の最貧国となりました。その後，おそらく世界史に残るような奇跡的な発展を遂げて現在に至っています。確かに，経済成長は幸せの証でした。だから，GDPを押し上げることが重要であり，人々の行動はそれに密接に結びついていました。成長や利益を優先させ，競争に勝つことを重視しました。効率化と技術の進歩で，仕事も個人生活も益々忙しくなっています。これは，前述した環境問題と貧困問題を助長させる価値観でもあるのですが，結果として物は豊かになったが，心の問題が深刻になりました。今，そのひずみがあらわれています。

NPO活動の中で最も重要な価値観はボランティア精神です。心が重要なわけです。心の問題は心を重視する組織の人々でしか解決できません。それは，最も人間として本源的なレベルの活動でもあります。まさに，NPOの存在意義がここにあります。

(4) 既存の組織のすき間・欠点を埋める組織の必要性

今まで述べた問題を解決するためには，既存の組織では不十分です。また，各組織が立場を超えて協力しなければ解決には向かいません。

その意味において，NPOは，政府や企業など既存の組織や他の人が，「まだ誰もしていない」「誰もやりたがらない」ことをする存在でもあります。人々

がNPOを立ち上げようとした時，素直に社会問題をみて，損得抜きで行動を起こすからです。また，現在の法制度や国家間関係，環境で困った立場に追い込まれる人々がいるなど，個人あるいは集団としての何らかの権利侵害を受けていることなど，こうした社会問題にいちはやく対応することもNPOは期待されています。

繰り返しになりますが，利益追求の中で環境破壊や雇用における人権侵害，貧困，法律違反など，「市場の失敗」が招いた社会的な課題に取り組むためにNPOという組織（「器」）を通じて，人々が社会を変えられることが，NPOには求められています。

以下はNPOが活躍できる分野といえます。

①独創的・先駆的な分野
②ニーズはあるが採算性が低い分野
③行政が税金を投入するには公平性・中立性が担保できていない分野
④公的機関では提供していない，または，できない分野
⑤行政や企業，社会の制度や意識に別の価値観を以て働きかける分野

4．NPOの役割

NPOの意義は，「新しい公益の担い手」「企業の社会的パートナー」「個人の社会参画の場」にあると言われます[11]。

主な役割は，社会課題の解決にあります。社会の課題を解決したり，「これは問題だ」ということを啓発したり，政府や企業の行動や考え方，制度を変えたり・・・と，新たな価値を創造し，それにより社会が変わっていきます。サービスや教育啓発，政策提言やネットワーク活動などを通じて社会変革を担うのが，NPOの役割であり，意義だといえます。

NPOは，「non-profit（非営利）」でありNGOは「non-governmental（非政府）」でありますが，決して「anti-profit（反営利）」や「anti-governmental（反政府）」ではありません。協力すべきところは協力することが，社会的な利益のため

に重要です。しかし，協力関係にあっても，相手を批判したり，行動や制度の是正を求めるために対峙する可能性が常にあることをNPOは留意する必要があります。その意味では，企業や政府に資金面などで強度に依存関係にあると，その相手が反社会的行為により批判されるときに自分たちも批判される恐れがあるだけではなく，資金援助を受けたり契約を受託している相手を真っ向から批判することが難しくなる可能性もあります。

　NPOは決して行政のサービスを補完的に提供し，それによって資金を確保する存在ではありません。行政が提供しえないサービスを代わりに提供することで，今まで制度からとりこぼされていた人々の安全や健康，教育などのベーシックヒューマンニーズ（BHN）を享受する権利を確保したことになり，ここにNPOとしての役割と政府と協力する意義も見出せます。協力が依存にならないよう，NPOとしては資金源の多様化に務めるなどしながら，NPOとしての存在意義を意識していかなければならないのです。

　最近，企業の社会的パートナーとしてもNPOは注目されています。前述のグリーンピースとパナソニックのように，企業がNPOの専門性に注目してその助言を求めたり，一緒に事業を営むケースが増えています。また，事業型NPOとしてNPO自ら事業化を目指すことも増えており，NPO側からもパートナーとして企業との協働を図っています。ここで注目したいのは，企業もNPO同様，「人を幸せにする存在」であるということです。世界初の株式会社は1602年に設立されたオランダの東インド会社ですが，社会を発展させるために法人格が与えられたと言われています。また，近江商人の三方よし（商売は売り手よし，買い手よし，世間よし）が有名なように，企業の成功はその事業の社会的な意義にあります。優秀企業に共通する条件の1つに「世のため，人のためという自発性の企業文化を企業に埋め込んでいること」があるとされています。[12]

注

1)　英文は，"The Economic and Social Council may make suitable arrangements for consultation with non-governmental organizations which are concerned with matters

within its competence. Such arrangements may be made with international organizations and, where appropriate, with national organizations after consultation with the Member of the United Nations concerned." http://www.un.org/aboutun/charter/
2) たとえば，早瀬昇「NPOとボランティア」，『NPO基礎講座』ぎょうせい，1999年1月10日，10版，p.55。
3) 「国境なき医師団日本」ホームページ：http://www.msf.or.jp/index2.php
4) 「ワールド・ビジョン・ジャパン」ホームページ：http://www.worldvision.jp/
5) 「セーブ・ザ・チルドレン・ジャパン」ホームページ：http://www.savechildren.or.jp/
6) 「花咲き村」ホームページ：http://www.hanasakimura.or.jp/
7) 「グリーンピースジャパン」ホームページ：http://www.greenpeace.or.jp/
8) 「アサザ基金」ホームページ：http://www.kasumigaura.net/asaza/
9) 「フローレンス」ホームページ：http://www.florence.or.jp/
10) 「ソーシャル・イノベーション・ジャパン」ホームページ：http://www.socialinnovationjapan.org/
11) 坂本文武『NPOの経営』日本経済新聞社，2004年，pp.12-14。
12) 新原浩朗『日本の優秀企業の研究』日本経済新聞社，2003年，p.222。

第2章 NPOの現状と組織管理

1. NPOセクターの現状とマネジメント意識

　この10年で，NPOセクターは大きく変わりました。まず特定非営利活動促進法（NPO法）の施行や，税制控除を受けられる認定NPO法人の誕生など，制度が大きく変わりました。また，企業や行政がNPOとのパートナーシップやNPO支援に積極的に乗り出し，NPOの社会的認知度が上がるなど，外的に変わったところが多くあります

　このような中で，NPOの中にも，社会的な責任を果たそうと思うところが増えてきました。とはいえ，「想い」のもとに集まる人たちに，必ずしも組織運営や事業実施に必要な専門的な運営の知識や経験を持っている人がいるとは限りません。そこで，NPOを支援しようという中間支援組織も増えています。中間支援組織MSOは大きく分けて，1）官設官営，2）官設民営，3）民設民営，があり，いずれにしても，様々なテーマで運営講座が実施されています。また，他にも会計支援など，運営の特定分野に特化して運営を支援する組織もあります。組織だけでなく，個人で支援する場合もあります。

　これらの支援センターでは，運営に関する様々な講座やセミナーが実施されています。講座やセミナーだけでは，個々のNPOが直面する運営上の課題を克服し，組織力を高めるには不十分です。個別相談に応じる時間をもうけている支援センターもありますが，今後は，さらにコンサルテーションを含む個別のNPO運営支援への必要性への対応が求められます。

マネジメントは企業のものであると思っているNPO関係者も多くいます。本当にそうでしょうか。しかし実際には，企業における「経営資源」と同様，NPOもミッションにもとづいて社会の課題に取り組むために，人，物，金，情報，信用などの資源を最大限に有効活用する必要があるのです。さらに，企業よりも少ない資源で社会的な影響を実現しなければなりません。もともとリスクの高い活動が多いNPOですから，本来ならNPOは企業よりもシビアなマネジメントが求められるはずなのです。マネジメントはあくまでも組織のミッションを最大限に達成するためにあるのです。

　コスト意識が企業と異なることも，マネジメントへの認識に違いが生まれる原因かもしれません。たとえば子どものいじめ電話相談によるサポート活動を行うNPOなら，「今日は8人の子どもと話して，1人あたり15分話すだけですんだ」などという「効率」を求めるものではありません。1人に1時間かけて話をしようと，それによって受話器の向こうにいる子どもが元気や勇気を得ることが大切です。またこのような電話相談は無料なので，「じっくりお客様のニーズを聞いて，その人に一番ふさわしい品物を選び，買っていただく」お店とは異なります。

　しかし，組織である以上は財産を有効に使うことは大切です。質の良い活動ができるスタッフを集めることかもしれませんし，ITに強いボランティアを募集して，ITが不得手なスタッフが時間をかけてもできないことを短時間でボランティアにお願いすることかもしれません。また，助成金や補助金，寄付，会費などを適切に管理し，活動に活かすことかもしれません。組織として存在する以上，組織の規模や活動内容に関わらず，何らかのマネジメントをNPOはしているのです。

　リスクについても同様です。リスクが発生すると，組織に損失をもたらすかもしれません。とはいえ，この「損失」にピンとこないNPO関係者も多いのではないでしょうか。企業の場合，たとえば工場の生産ラインがストップしたり，オンラインシステムの停止によりオンラインでの商品注文が受けられなくなります。サービスも提供できなくなるなど，機会や利益の喪失を生み，損失額の算出も可能です。しかし，NPOの場合，直接的に「事故がおきて利用者が怪我をした」というリスク発生によって，治療費や見舞金がいく

らかかったと費用が数値化できる部分は確かにありますが，介護保険事業など，活動に対する対価がわかり，毎日の利用者の人数や利用するサービスの内容がわからない限り，1日活動できないことが経済的にどの程度の損失になるのか，算出できないNPOの方が多いのです。このことは，あるリスクが組織にどれほどの損失をもたらすのか，現実味を帯びて感じることを難しくさせているといえます。しかし，経済的な損失ではなく社会的な損失はどうでしょうか？　社会的な信用で成り立って活動をしているNPOである以上，事故やトラブルにより失墜するNPOの信用は，すぐに取り戻せるものではありません。1つの事故が存続の危機につながることもあります。

　最近では，「まずNPO法人認証を」と，活動実績がないまま特定非営利活動法人からスタートするケースも増えているようですが，それでも多くの場合，NPOの活動は「まず想いありき」で，従来より，少人数の有志で集まった手弁当のボランティア同士の活動から始まります。共通の想いをもって参加する人たちが集まると，継続して社会的に影響をもたらすために必要な運営は，後回しになってしまうことがよくあります。また活動現場の最前線で活動することにやりがいを感じ，運営は後方支援で面白くないと感じる人もいます。マネジメントへの意識改革が，NPOにとってのリスクマネジメントの第一歩ともいえます。

2．NPOサービスの付加価値提供とリスク

　NPOは福祉，教育，文化，国際交流，地域社会，環境保全など多岐にわたって活動を行っています。また，その多様さがNPOの特徴であり，社会的な意味での付加価値創造の重要な要素でもあります。そして，それを支えるのはボランティア精神であり，営利を目的にするものではないことが特徴です。

　NPO活動は様々な分野で社会的な付加価値創造を行っています。特に行政や企業が扱わない分野における社会問題の解決，社会的なサービスの提供に大きな価値があります。加えて，NPO活動から社会変革が起きることもあるし，新しいビジネスが始まることもあります。また，企業，行政などとのコラボレーションによる付加価値創造もこれからの主流になっていくでしょう。

しかし，人間の活動にはすべてリスクが伴うものです。リスクの定義は別な項で詳しく解説がありますが，私は「嫌なこと」と思っています。この「嫌なこと」には2つの種類あります。1つは「いつまでたっても嫌なこと」です。たとえば，火事や交通事故に遭うといったことです。一般にリスクというとこれをイメージされる方が多いと思います。もう1つは「後で良いことが待っている嫌なこと」です。たとえば，予防接種のための注射だとか合格のための試験勉強などがこれにあたります。そして，試験勉強などはその良い例ですが，新しいことにチャレンジしながら栄光を勝ち取ることは，新しい「嫌なこと」，すなわち，大切な時間を使って試験勉強をし，お金も使い，また，一生懸命勉強したにも関わらず試験に落ちて悲しい思いをするといったリスクを取ることになるわけです。

　NPO活動もリスクをとってその活動を行っているという点では例外ではありません。NPO活動は「世のため人のため」になる善意の活動といって良いものです。ところが，NPO活動に携わる人の中には，「良いことをしているので悪いことが起きることはない」と思っている人も少なくないようです。しかしこれは錯覚にすぎません。

　確かに，「悪いこと」，たとえば，法令違反を起こした企業が，その不祥事の発覚によって，後になって法令違反によって得た利益の何倍もの損失を発生させた事例には事欠きません。不祥事によって消失した企業も多数あります。

　一方，「日ごろ良いことをしている」と，いざ危機に陥っても多くの人が助けてくれることになります。このように，「良いことをして悪いことをしない」ことは，危機を招くことを少なくし，危機からの回復を早めることに他なりません。この意味において「良いことをして悪いことをしない」ことは非常に有効なリスクマネジメントです。

　しかし，このことはNPO活動における「コンプライアンス・リスク[*]」や「レピュテーション・リスク[*]」を主に低減させることであり，全てのリスクがなくなるわけではありません。その他のリスクは依然として残っています。たとえば，自然災害や盗難がそれにあたります。また，統計的には，良いこと

をしている団体であっても悪いことをしている団体であっても同じ確率で自然災害はやってきます。

　NPOの組織は他の組織形態に比べ一般的に脆弱であるといえます。このことはNPOのリスクを考えるときに重要です。実際に事故が起きた場合のように，リスクが顕在化したときの組織へのダメージが大きいからです。

　経済産業研究所の調査（2004年NPO法人アンケート調査結果報告）によれば，NPOの平均スタッフ数は，有給・無給，常勤・非常勤すべての合計で5.6人となっています。また，平均収支金額は2306万円です。一方，総務省の平成16年事業所・企業統計調査によれば，企業の平均従業員数は20.6人となっています。また，法人格の有無を問わず，全国の事業所の平均従事者は9.1人です。あくまで人員面だけの比較ですが，NPOは企業と比べて約4分の1の規模，街の商店を含めた全事業所に対しても約半分の規模で活動を行っていることになります。

　同じ規模の事故が起きても，NPOの場合，他の組織形態に比べ精神的なダメージも大きいといえます。有給スタッフとして生活のために働いている人もいますが，NPO活動はボランティア精神がその源泉だからです。何か事故が発生したために，スタッフはじめ多くのサポーターがやる気を無くしてしまうというケースも珍しくありません。善意の活動の中の事故はその分ショックが大きいからです。

3．危機管理のためのリスクマネジメント

(1) NPO活動とリスク

NPO活動のリスクには
① 財やサービスの受益者が，対価を支払えない活動もある
② 誰もやりたがらない・やったことがないので，着手した結果が予測困難である
③ 人命に関わる活動も多い

という特徴があります。多くのNPOは，そもそもリスクが高い活動に携わっているのです。また，リスク予防や発生時の対処のコストに回せるような金銭的な蓄えが非常に少ないのも特徴です。善意や正義感などを燃料にして走り続ける機関車のようなNPOが，思いもかけないところでせっかくの社会の課題解決のための想いや活動を事故やトラブルで台無しにするほどもったいないことはありません。そのためにも，事故やトラブルの発生を未然に防ぎ，万が一発生した場合には適切かつ迅速な対策をとることで影響を最小限に防ぐことが必要です。

　NPOにどのようなリスクがあり，リスク発生がどこにどのような影響が及ぶかは，NPOの財産への影響という切り口から考えることができます。自分たちにはどれだけの守るべき人・財産や，ミッション実現のために有効に配置・活用しなければならない人や財産があるでしょうか？ NPOの財産，すなわち経営資源には，たとえば次のようなものがあります。

　①人（スタッフ，ボランティア，支援対象者，会員，理事など）
　②物
　③金
　④情報
　⑤信用（対内的：理事，スタッフ，支援者など，対外的：行政，他のNGO，地域住民など）

　人・物・金・情報・信用に対して，何が影響を及ぼし，またどの程度の「損失」までは許容できるのかは，組織の規模や歴史，活動内容，「資源」で，変わります。リスクマネジメントは，ひとえに自分たちのNPOをよく知り，外の社会的な環境を把握することでもあります。それは，NPOとして社会的な活動をしていくときにそもそも必要なものであり，いかにリスクマネジメントがNPOの活動や運営と密接に結びつくかがわかります。

(2)「リスクマネジメント＝活動を萎縮させるもの」？

　「リスクを気にしていては，活動がつまらなくなる」という声をよく聞きますが，本当にそうでしょうか？「リスクをとらなければNPOではない」という人もいます。これは，ある意味正しいと思います。あらゆる行動や決断には，

リスクがつきものです。何もNPOに限ったことではありません。企業も政府も個人も同じです。リスクをとるからこそ，損失やマイナスの影響を少しでも小さくしようとすることが大切なのです。まして，社会的な活動をする中で，自分たちを信頼してサービスを利用したり，寄付したり，ボランティアしたり，パートナーシップを組んだりしてくれる個人や組織を必要以上にリスクにさらし，防げたかもしれない事故やトラブルでせっかくの自分たちの想いや活動を台無しするのはもったいないことです。

「私たちのNPOは，このようなリスクを認識し，ここまで対応しています」と伝えられるほうが，関わってくれる人たちは安全に，安心して活動できます。むしろリスクマネジメントは自信をもって，そしてお互いを信頼して活動するためのものなのです。

また，いまでも多くのNPOは財政基盤が弱く，慢性的な人材不足に陥っています。もし今より多く資金や人材が確保できるなら，まずは事業やプロジェクトに回したいと思うNPOが多くあります。会計や雇用規則など一部の運営の分野や，命の危険に関わるなどの一部の活動においては，リスクやリスクの影響を意識して，あるいは無意識のうちに取り組んでいます。たいていの場合は，その「すでに取り組んでいるリスク」は組織にとって重大なものであることが多いのですが，それだけでは無防備なところからリスクが発生する恐れがあります。また，システムになっていないために，取り組み方が人それぞれ異なるのではマネジメントができているとはいえません。NPOに必要なのは，包括的なリスクマネジメントです。

自分たちにどのようなリスクがあり，それはどれほどの影響をもたらすものなのかを知った上で重要なリスクに取り組むのと，他にはどのようなリスクがあるのかわからないまま重要な目の前のリスクに取り組むのは，同じように見えますが，実はまったく違うのです。

リスクをゼロにするということは，究極には活動をやめる，組織を解散させるということになります。ただし，リスクというのは本来はマイナスだけではなくプラス，すなわちチャンスの側面もあります。たとえば，活動拠点をもう1つ増やそうとするとき，固定費用の増加や，スタッフやサービス提

供者，ボランティアなどの増員により，組織としてのミッションや活動の際の「こだわり」が共有されなくなり，組織としての統一性や結成当初のメンバーには浸透していた共通の想いやかつては暗黙の了解や阿吽の呼吸で共有できていたことが，共有されなくなります。

リスクを無くすことはできないため，リスクと上手く付き合う方法を考える必要があります。団体の規模や体制によってもリスクマネジメントの方法が変わってくるため「唯一の正しいリスクマネジメントの方法」はありません。ここでは一般論になりますが，広くNPOに見られるリスクを洗い出してみます。**図表2－1**は，福祉施設を例にしたリスク例です。

これ以外にも，たとえば
- 個人情報などの漏洩・紛失
- 名誉毀損
- 契約不履行
- 助成金や補助金の不正受給・不正利用
- 著作権侵害
- 風評被害
- 協働によるリスク
- リーダーの後継者不在
- 仲間割れ
- 人材が長くとどまらない

などもNPOのリスクとして考慮されるべきでしょう。

リスクマネジメントに取り組み始めて，活動の改善が見え始めると，さらにより良い活動のためにマネジメントへの姿勢が変わります。

とはいえ，すべてに「しばり」を与えようとしてしまうと，NPOのよさが失われ，自分たちの責任のがれに走る，面白くない活動になりますので，気をつけてください。たとえば，子育支援活動を実施するNPOが，「子どもが怪我をして訴えられたら困る」と，遊具も自由に使わせない，走らせない…など「○○してはいけない」ということばかり増やしたり，他の子どもと少しでもモメそうになると仲裁することが，本当にその子どものためになるの

図表2-1　リスク例

1. 事故・災害	火災・爆発 落雷 風水災 地震 医薬品の事故 盗難 放漏水 労働災害 交通事故 ライフライン途絶 コンピューター・ネットワーク障害・犯罪
2. 賠償責任, リーガル・リスク	施設・設備の不備・欠陥 業務遂行上のミス・監督義務違反 役職員の不法行為 医療過誤 施設内感染 食中毒等 法令違反・人権侵害等 医療廃棄物処理
3. 財務	キャッシュ・フロー 投資・投機失敗
4. 労務	雇用・労使問題（労働関連法の改正） セクハラ 役職員の不正・犯罪
5. 政治	法律・制度改正, 規制緩和・強化
6. 経済	金利・為替変動 景気変動
7. 社会	少子高齢化 脅迫, 暴力, 誘拐

出典：「表1　福祉施設をめぐるリスク」全国社会福祉施設経営者協議会・編『福祉施設におけるリスク・マネジャーの実践』全国社会福祉協議会・刊, 2005年, p.10。

か, 自分たちは子育て支援活動を通じてどのような社会を実現したいと望んでいるのか・・・など, 常に自問しながら活動のあり方を見出していかなければなりません。単に事故ゼロで行くことがNPOのリスクマネジメントなのではなく, ミッションとのバランスで考えていく必要があるのです。

　常に, 「自分たちのミッション」と, 「そのミッションの達成のために, 今

のあり方で良いのか？」と自問し続けることが必要です。活動分野によっては，法律のリスクはさらに広がります。自分のNPOにあてはまるリスクは何か，一度洗い出しをする必要があります。

(3) 法令遵守とNPOの社会的責任

　活動分野によっては，法令遵守が必要です。これを犯すことは法律のリスクを広げることになりますし，法令遵守は最低限のNPOの社会的責任です。自分のNPOにあてはまる法令リスクは何か，一度洗い出しをする必要があります。

　また，リスクマネジメントは，法令遵守ばかりでなく，NPOの社会における責任であるといえます。NPOは様々な援助を得て活動している公的な存在です。より良い社会のために活動するはずのNPOが，社会で害を及ぼしていては本末転倒です。活動（＝「社会に必要な活動をしている」）と，その活動を支える（「リスクマネジメントに取り組んでいる」）ことは，NPOが継続して活動していくにあたって不可欠な両輪です。

(4) マネジメントのPDCAサイクル

　リスクマネジメントは，リスクの観点から組織のあり方を見直し，改善を加えていく意味では，マネジメントそのものに他なりません。基本的には，マネジメントサイクルとしてよく言われる「Plan（計画），Do（行動），Check（評価），Act（改善）」の「PDCA」サイクルを回す中で，リスク要因やそれへの対処も含めていけば，リスクマネジメントが自然とマネジメントの中に組み込まれて行きます。

4．NPOの価値向上のためのリスクマネジメント

　NPOの価値[*]とは何でしょうか？

　これには明確な基準・定義があるわけではありません。一般的に企業価値は「財産価値＋非財産価値」で成り立っているといわれています。NPOも同じと考えます。

財産価値は経済価値でもあります。たとえば，保有資産，事業利益，特許，ビジネスモデルなどがこれに含まれます。

　非財産価値は「心の価値」というとわかりやすいと思います。すなわち，組織に対するロイヤリティ，信頼，尊敬などがあります。そこで働く人々の働き甲斐や喜びなども含まれるでしょう。もちろん企業におけるブランド力のように，財産価値，非財産価値のどちらともいえる価値もありますし，もともと財産価値と非財産価値は表裏不可分の関係で全体の価値を形成しています。

　NPOは利益を目的としないので，非財産価値を向上させることがまず重要です。NPO活動にはまず「できるだけ多くの人々に活動に賛同してもらう」ことが必要であり，それを長く発展的に継続させるためには，NPOに対する信頼や活動に対する喜び・満足感が欠かせないからです。そして，非財産価値を決めるのは活動している本人たちばかりでなく，むしろ活動を支える多くのサポーターたちなのです。

　また，資金面を含めた財産価値も重要です。かなりのNPOが資金面で苦労をしています。スタッフを雇用できない，十分な活動の情宣ができないなど，資金面の制約で活動領域を広げられないでいます。

　リスクマネジメントの第一義的な目的は，損失だけを発生させる伝統的なリスク（純粋リスク）を管理することにより，NPO活動を危機的状況に陥ることなく，NPO活動が持つ社会的な付加価値創造を継続的に達成させることにあります。安全確実にNPO活動を継続させることです。

　次の章で詳しくリスクについて説明がありますが，リスクにはもう1つの大切な現代的な意味があります。それは「投機的リスク」と呼ばれるものです。「チャンスの裏返し」といっても良いものです。ことわざに「虎穴に入らずんば，虎子を得ず」というのがあります。また，西洋においても「Nothing ventured, nothing gained.（冒険をしなければ得るものはない）」という言葉があります。この意味において，「リスクマネジメント」＝「チャンスマネジメント」と同義であるといって良いのです。リスクマネジメントはブレーキを踏むことに似ています。しかし，ブレーキを踏んでいるだけでは自動車は

絶対に前には進みません。あくまで，ブレーキはアクセルを踏むためにあるわけです。そして，自動車を運転する目的によってアクセルの踏み方を変えスピードを調整するでしょうし，天候や交通状況によって運転の方法やルートを変化させることでしょう。そして，事故を起さないためにブレーキを踏むことになります。

　NPO活動も，他の組織活動と同様に，チャンスの裏返しであるリスクを取りながら，自分たちの活動領域を広げていくことに変わりはありません。NPOが新しく活動領域を広げる場合，人，物，金，など自分が持っている資源の限界を知りながら，仮に失敗した場合，組織としてどこまで耐えうるかを考慮する必要があります。また，活動領域が広がることにより新たなリスクが発生します。

　これらを総合的に考え，自分たちの活動領域を広げながら成功に導くことが「NPOの価値向上のためのリスクマネジメント」となります。

　たとえば森林活動のNPOがあります。このNPOは，リスクマネジメントに優れています。特に，活動における安全管理は徹底しています。スタッフへの安全教育は万全であり，安全に対する意識も高く，安全管理についてはマニュアル化もされています。その結果，長年にわたり事故を起こさずに活動を続けています。このことはNPOに対する安心・信頼，スタッフのプライドといった非財産価値を向上させることになります。また，行政や企業から森林に関する業務を受託する場合においても，具体的な安全管理の実績は信用につながり，結果として「チャンスを広げる」こととなります。受託に成功すれば財産価値の向上に繋がることになります。

注
1)　日本NPOセンターによると，NPO支援センターの数は164あります（2007年4月2日時点のデータ。http://www.jnpoc.ne.jp/support-frame.html参照）。このうち自治体が設立する官設型は102と60％を超えます。また，官民民営の中には，官設の支援センターを民間の中間支援組織に運営・管理委託をしたり，指定管理者制度でNPOが管

理するケースもあります。なお，この数は「（1）NPOの支援（主に団体・組織の支援）を行っており，（2）分野を特定せず，（3）常設の事務所があり，（4）日常的にNPOに関する 相談に応じることのできる職員がいる，という4つの条件を全て満たしている団体について，日本NPOセンターが作成した」リストを元に集計。なお，リストには「民間で設立」「社会福祉協議会内に設立」「自治体で設立」の，設立主体別に3つに分類しています。

第3章
リスクとリスクマネジメントの理解

1．リスクの理解

　すべての組織，企業，個人の行動にはリスクが伴います。このリスクの定義や捉え方にはいくつかのものがありますが，最も知られているのが「損失の可能性」です。個人や組織が何らかの出来事により損失をこうむる可能性をいいます。具体的には，人のけが，死亡，火災，賠償責任の負担などがあります。この定義の根底には，リスク＝悪いことが起きる可能性という捉え方があります。

　もう1つの視点は，リスクの中には損失の可能性を生じさせるものだけではなく，それと同時に利得の可能性も含まれるリスクをも取り込んだものです。この視点では，リスクとは「損失の可能性とともに利益が生じる不確実性」という定義になります。

　要するに，リスクを捉える場合，損失の側面のみに注目するのではなく，リスクに含まれる利得やチャンスにも注目し，損失は最小化し，チャンスの可能性を最大化するため，リスクの特徴を考慮してリスクをとるという考え方が出てきます。当然，後者の方がリスクを広く捉えており，より現実的です。

　組織や企業視点では，それぞれ達成すべき目標があり，目標達成にブレーキをかける出来事の発生と同時にそれを助長する出来事があります。たとえば優秀な人材が流出するということは組織の価値低下に結びつき，逆に優れたビジネスモデルの成功で組織の価値を上げる場合もあります。このように

図表3-1　リスクの定義

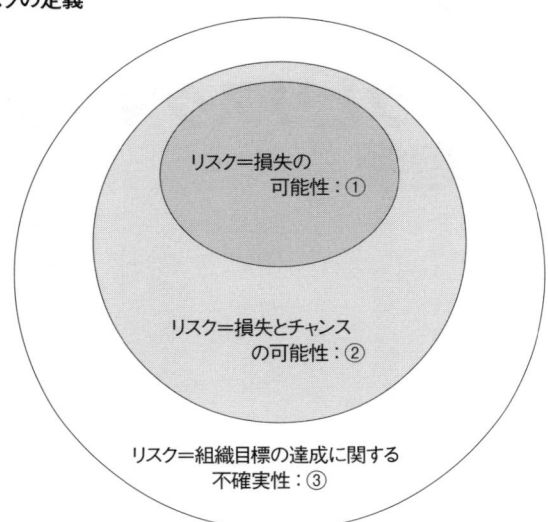

- リスク＝損失の可能性：①
- リスク＝損失とチャンスの可能性：②
- リスク＝組織目標の達成に関する不確実性：③

　組織の視点からみれば，組織目標の達成に関する不確実性をリスクと捉えることができます。

　こうした議論は抽象的に思えますが，組織のトップや構成員がリスク認識をどのように捉えているかにより，リスク発見やリスク対応が異なってくるので，共通の理解が必要な局面でもあります。

　今までの議論をリスクの定義（捉え方）として**図表3－1**で整理しておきます[1]。

　図表3－1にあるように，リスクは①～③までの局面を含んでいるので，3つの局面からリスクを総合的に把握しておく必要があります。

2．リスクの特徴[2]

　リスクには次のようないくつかの基本的な特徴があります。その一部はリスクの定義で述べましたが，リスクマネジメント（以下，RM）の視点からは，この点を理解しておくことも重要です。

(1)　あるリスクは，個人や組織にマイナスの影響のみを与え，損失を生じさ

せる。

　たとえば，病気，けが，老齢，交通事故，労災事故，火災，爆発，交通事故における賠償責任の負担，企業の損害賠償責任の負担（例：欠陥商品による製造物賠償責任の負担）などが，その一例です。こうした出来事の発生は明らかにマイナスの影響のみを生じさせるリスクであり，個人，企業，組織に多くの経済的損失及び欠陥商品による賠償責任の負担といったリスクの場合は企業イメージ低下による無形の損失が生じます。

⑵　あるリスクは個人や組織にマイナスの影響とともにプラスの影響を与え，チャンスや好機の機会を生じさせる。

　たとえば株価の変動による投資家の利得と損失の双方の可能性，企業の新商品の成功あるいは失敗による利得と損失の双方の可能性，為替相場の変動による輸出入企業や個人の負担の不確実性，企業の社会的責任投資への注目による企業評価の向上，逆に企業の不祥事によるイメージ低下とそれに伴う株価下落，売上不振など，現代の多くの個人の取引，ビジネス取引は従来以上にこうしたリスクによるプラスの影響またはマイナスの影響を当該個人や組織に与えます。

⑶　個人や組織は，リスクを回避することはできるが，リスクをとらなければ（リスク負担しなければ），リスクによるチャンスの恩恵にはあずかれない。

　人間や組織は一般にリスクを回避する傾向が高いのですが，⑵で述べた利得と損失の双方の可能性があるリスクを回避するということは，同時にリスクに潜む利得の源泉から自分を遠ざけていることになります。たとえば企業が，新商品の開発には多くのリスクが伴うという理由で，このリスク回避のため新商品の開発を怠った場合，この企業は同時にこのリスクがもたらすチャンスの可能性をなくし，結果的に当該企業の損失に結びつく場合があります。

　特に企業経営はこの種のリスクに直面することが多く，リスク負担すべきか，それともリスク回避すべきかの意思決定をリスクの特徴，許容できるリスクレベル，そのレベルに対応可能な資産の額等を考慮したうえで下す必要

があります。

(4) リスクには発生確率と発生した場合の強さ(影響の強さ,強度)がある。

　特定のリスクが発生するかどうかは不確実です。言い換えればリスクには「不確実性」があり,これを数値として表したものが「確率」です。たとえば,特定の人間が1年間に交通事故(リスク)に巻きこまれる確率は,「1年間の人身事故件数÷日本の総人口数」で求めることができます。この確率は,分子の特定のリスクが出現する頻度から導き出される数値であり,不確実さの度合いを示す数値です。特定事象の起きる確率を計算式で示したのが,次の図表3－2です。この発生確率は下記の(6)に述べるように,分母の数や試行の回数を増やしていくと次第に一定値に近づく現象があり(大数の法則),リスクを統計的に把握する場合の基本的な原則です[3]。

図表3－2　確率の計算式

$$特定事象の起こる確率 = \frac{特定事象の起った回数}{資料の総数または試行の回数}$$

出典：日吉信弘『保険とリスクマネジメント』損害保険事業総合研究所,2000年,p.4。

　またリスクが発生した場合,その結果の大きさを「強度」(severity)としてあらわすことができます。この「リスクの強度」はリスクにさらされる対象物の価値や損傷度により測定できます。たとえば火災による被害を受けた建物や機械設備,収容品等の価値は算出可能ですが,損傷度はあくまでも経験値によらざるを得ません[4]。

　そして,最終的にリスクの大きさがどのぐらいになるのかを理解するときの糸口は,リスクの発生確率とリスクがもたらす影響の大きさ(強度)を把握することであり,それは次のように両者を掛け合わせることにより求めることができます(図表3－3参照)[5]。

図表3－3　リスクの大きさと発生確率, 強度

```
┌─────────────────┐     ┌─────────────────┐     ┌─────────────────┐
│  リスクの発生確率  │  ×  │   リスクの強度    │  ➡  │   リスクの大きさ   │
│  （Probability）  │     │   （Severity）   │     │  （Magnitude）   │
└─────────────────┘     └─────────────────┘     └─────────────────┘
```

出典：日吉，前掲書，p.14。

　発生確率が低くても，一旦リスクが発生すると影響（強度）が強くあらわれるリスクもあれば，その逆もあり，様々なケースがあります。最終的なリスクの大きさは，これら2つの要因の積により求めることができます。

　たとえば次のように場所，構造が異なる2つの建物があり，それぞれの建物に生じる河川氾濫時のリスクの大きさは，損害発生の確率と損害の強度（損害額）を掛け合わせることにより数量的に求めることができます。

図表3－4　リスクの大きさの計算例

建物	場所	①損害発生の年間確率	②損害の強度	年間のリスクの大きさ（①×②）
A	河川沿いの低地	1/50=0.02	2,000万円	40万円
B	高台	1/200=0.005	1億円	50万円

出典：日吉，前掲書，p.14。

　建物AとBに生じる河川の氾濫によるリスクの大きさは，たとえば河川の氾濫が生じる発生確率のみで考えれば，明らかに低地にある建物Aの方が大きく，実際統計的にも年間に50分の1の確率で発生します。建物Bは高台にあるので，その数値が200分の1と建物Aに比べ4分の1の発生確率です。

　しかし河川の氾濫によるリスクの大きさを，発生確率だけではなくリスクの強度つまりリスクが建物に与える損害額の大きさ（それをここでは建物の価額で示している）をも考慮し，両者を掛け合わせることで求めると，**図表3－4**のように高台にある建物Bの方が大きいことになります（建物Aの年間の最終的なリスクの大きさ＝40万円，建物Bのそれは50万円）。

(5)　リスクの発生確率と強さは経験，情報等により測定ができる場合があり，

その値は資料の数や試行の回数を増やしていくと，次第に一定値に近づき安定したものとなる。

　リスクには発生確率と強度があると述べましたが，同種のリスクを長期にわたり，大量に観察すれば，リスクによっては，その発生確率と強度が次第に一定値に近づき安定したものとなります。この法則は既述したように「大数の法則」(the law of large numbers)といわれます。[6] 図表3－3で求めた値は，資料総数や試行回数を増やせば，一定値により近づき，同種のリスクがもたらす大きさもそれだけより安定的な値となります。この法則は全てのリスクにおいて働くわけではありませんが，特に交通事故，火災，労働災害などのリスクがもたらす大きさを我々が予測する場合の重要な統計上の法則であり，リスクマネジメントやその一手段としての保険を数理的に検討する場合の重要な原則です。

　一方，地震，航空機事故，洪水などのリスクはその発生確率は低いけれども一旦事故が発生するとその強度はきわめて大きいのです。両リスクはリスクの発生パターンという点では違いが見られますが，リスクには発生確率と強さという客観的要素があるという点では共通です。

(6) リスクの発生の背景には，それを助長する様々な要因（ハザード）があり，それがリスクの大きさに影響を与え，最終的に損失の発生や場合によってはチャンスの増大に結びつく。

　たとえば火災発生の背景には，異常乾燥，強風，火の不始末などといった自然環境及び人間の注意力欠如といった要因があり，これらの要因の存在が火災の発生確率，火災による損害の大きさに影響を与える。これらの要因を総称してハザード（Hazard）[7]と呼びます。リスクを狭義に捉える保険学の分野では，こうしたハザードとリスクやロス（損失）の関係を次のように捉えます。つまり，ハザード（例：タバコの火の不始末）が火災という事故（Peril）を招き，その結果，建物の所有者に再築費用の負担という経済的損失の発生可能性（Risk）が生じ，それが現実のものとなったときに建物所有者に経済的損失（Loss）が生じるという一連の関係です（**図表3－5**参照）。

図表3-5　火災におけるハザード～ロスの関係

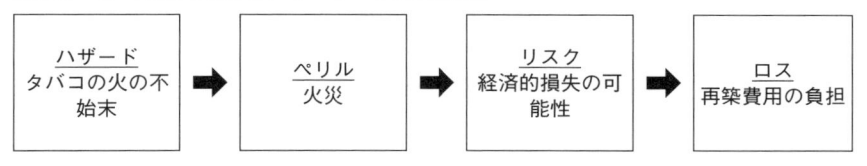

```
┌──────────┐    ┌──────┐    ┌──────────┐    ┌──────────┐
│ ハザード  │    │ペリル│    │  リスク   │    │   ロス    │
│タバコの火の不│ →  │ 火災 │ →  │経済的損失の可│ →  │再築費用の負担│
│  始末     │    │      │    │   能性    │    │          │
└──────────┘    └──────┘    └──────────┘    └──────────┘
```

　こうした一連の関係は，何らかのハザードがリスクを呼び，それがマイナスの影響のみを生じさせ（こうしたリスクを純粋リスクと呼ぶ），最終的にロスにいたるケースを想定していますが，前述したようにリスクにはマイナスの影響とともにプラスの影響（チャンスや利益の可能性）も同時に生じさせうるものがあります。つまり何らかのハザードがリスクを呼び，それがマイナスの影響またはプラスの影響（チャンスや利益の可能性）を生じさせる場合です。この種の投機的リスクは，マイナスの影響に結びつくハザードやリスクをいかに管理するかにより，プラスの影響の生起確率が増大し，その結果，利益等が生じる場合もあります。これは様々な経営リスクを検討する場合に特に問題となる点です。

　たとえば新商品が製造物賠償責任に問われるリスク（Product Liability Risk）のハザードには，安全管理欠如，有能技術者の退社，企業内におけるコンプライアンス体制の欠如など幾つかのハザードが考えられ，これらの管理が適切でなければ新製品開発に伴うPL事故の可能性を増大させ，最終的に多くの損失にいたります。逆にこうしたハザードの適切な管理及びマーケティング戦略等との連動により，新商品の売上増大，企業イメージの向上等の利益に結びつくことになります（**図表3-6参照**）。

　このように，ハザードは自然災害リスクの発生にのみならず，経営リスク等の様々なリスク発生にも当然関係しており，リスクマネジメントはハザードとリスクそしてロス（損失）またはチャンスの関係を把握するとともに，それらの連鎖を管理する対応を考える必要があります。

(7)　リスクによっては，リスクは連鎖していく場合がある。
　リスクが連鎖する典型例として，主要な銀行の破綻が生じ，それが他の金

図表3-6　新商品開発におけるハザード～ロスまたはゲインの関係

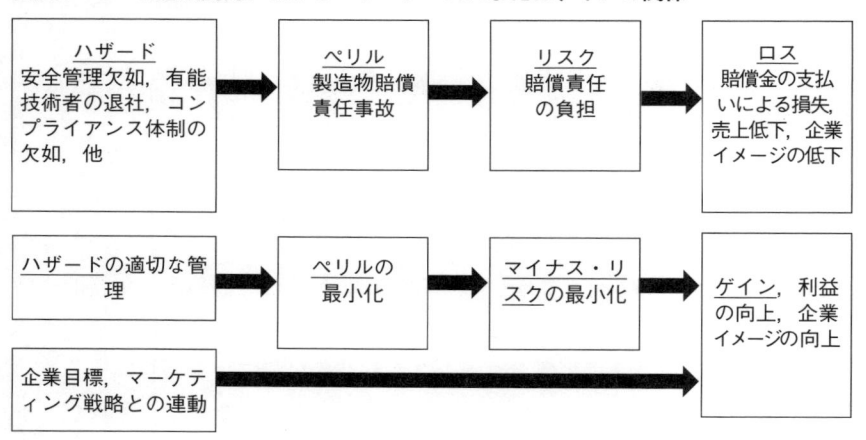

ハザード 安全管理欠如，有能技術者の退社，コンプライアンス体制の欠如，他	→	ペリル 製造物賠償責任事故	→	リスク 賠償責任の負担	→	ロス 賠償金の支払いによる損失，売上低下，企業イメージの低下
ハザードの適切な管理	→	ペリルの最小化	→	マイナス・リスクの最小化	→	ゲイン，利益の向上，企業イメージの向上
企業目標，マーケティング戦略との連動						

融機関に連鎖するケースがあります。政府による預金者保護策が不充分な状況下で，主要な銀行の破綻が生じた場合，多くの預金者がとる行動は当該銀行の預金引出し及び他の銀行も同様の状況が生じるのではないかという不安による他の銀行の預金引出しです。こうした一連の預金取り付け行動が雪だるま方式で行われると，他の銀行の連鎖倒産を招くとともに国全体の金融システムを混乱に陥れ，ひいては経済活動全般が停滞にいたります。

　20世紀後半の金融のシステム化と国際化の進展という環境変化が，この種の金融機関における「システムリスク」や「システミックリスク」[8]の発生を誘発しています。もちろん，金融の自由化は多くの投資家に利益増大の可能性を与えていますが，同時にこの種のリスク増大もここ10数年の間に増大しています。たとえば1994年のメキシコの金融問題，1997年以降の日本を含むアジアの金融問題などがその一例である。日本の銀行等の問題による国民の負担は国内総生産の10%を超えるといわれています[9]。

(8)　リスクは，コスト負担をすることにより，リスクの発生確率や強さをコントロールすることができる[10]。

　リスクの発生確率やそれによる影響度を下げるための諸活動（予防・軽減活動）をリスク・コントロールまたはロス・コントロールといいます。コス

ト負担によりリスクの影響を軽くすることはできますが，100％コントロールすることはできない。つまり技術的限界と経済的限界があります。技術的限界とは現在の人類が持っている知識や経験及びそこから得られる学問や技術力では克服できない限界点です。経済的限界とはコントロールすることが経済的に引き合わず，リスクを受容するか他者に移転する方が適切である場合です。

ハインリッヒはその著書『産業災害防止』の中で，労働災害の発生メカニズムを説明する理論としてドミノ理論を提唱しています。彼は，事故は1つの原因が次の原因を呼び，それが連鎖反応的にあるいはドミノを倒すように進行した結果生ずるものとしています。

図表3－7はハインリッヒの三角形と呼ばれているもので，1回の重大な事故の背景には29回の中程度の事故があり，その背景には300回に及ぶ軽度の事故が発生しているというものです。この法則の教えるところは，1回の事故を根絶するためには300回の軽微な事故を防止しなければならないというものです[11]。

図表3－7　ハインリッヒの法則

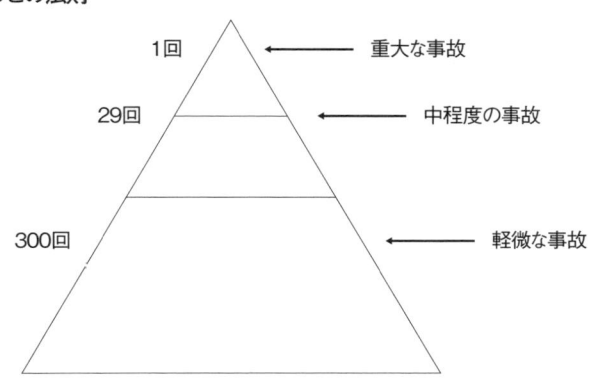

（ピラミッド図：
- 頂点 1回 ← 重大な事故
- 中段 29回 ← 中程度の事故
- 底辺 300回 ← 軽微な事故）

出典：日吉, 前掲書, p.8。

(9) 個人や組織は，コスト負担によりリスクを他に転嫁することもできる。

リスク・コントロールが困難な場合，何らかの方法でリスクを第三者にコストを払い移転する方法があり，これをリスク・ファイナンスといいます[12]。また第三者に移転しないで，たとえば企業が企業内部で処理する方法もあります。どこにどういう形でリスク移転するかを一覧にしたのが**図表3－8**です。一例としては保険料を損害保険会社に支払い製造物賠償責任リスクを損害保険会社に移転する方法などがそれです。

図表3－8　リスクの移転先と処理（企業の場合）

リスクの移転先，処理		方法
企業（自社）の内部で処理	経常利益，特別利益で処理（損益計算書）	●自家保有 ●レトロスペクティブ・レーティング・プラン ●クロノロジカル・スタビリゼーション・プラン
企業の外部	自己（株主）資本で処理（貸借対照表）	●自家保険 ●キャプティブ保険会社
	保険マーケット	●保険
	組合員，同業者など	●共済 ●リスク保有グループ
	金融資本マーケット	●リスクの証券化 ●リスクの金融デリバティブ取引（代替的リスク移転：ART）

出典：日吉，前掲書，p.85。

(10)　リスクへの人々の反応（確率や強さの予測，怖さ，負担意欲他）は人により異なる[13]。

　リスクには発生頻度と強度という点で客観的要素の部分があるという点は既に指摘しましたが，そのリスクに直面する人間の反応には人により（経済力，知識，経験，価値観など）違いがあるという主観的側面もあります。このリスクに対する人々の反応の違いという主観的側面に関して，スロビック（Slovic）らによる興味深い研究があります[14]。

　この研究は，リスクの研究家と一般の人々を対象に，危険と感じられる活動や科学技術について，第1位から第30位までの順位付けをさせたものです。

その結果が**図表3－9**です。

たとえば女性と専門家との比較では，危険と感じられる順番に違いがあり（女性が1番に危険と感じているのは原子力ですが，専門家のそれは自動車であり，専門家は原子力を20番目に危険と感じています），リスクに対する知覚は人の経済力，知識，経験，価値観などにより異なるという結論を導いています。

専門家はリスクの客観的な期待値（生起確率×被害の大きさ）により，危

図表3－9　危険と感じられる活動や科学技術

活動や科学技術	女性	大学生	クラブメンバー	専門家
原子力	1	1	8	20
自動車	2	5	3	1
拳銃	3	2	1	4
喫煙	4	3	4	2
オートバイ	5	6	2	6
アルコール飲料	6	7	5	3
自家用飛行機	7	15	11	12
警察の仕事	8	8	7	17
殺虫剤	9	4	15	8
外科手術	10	11	9	5
消火作業	11	10	6	18
建設工事	12	14	13	13
狩猟	13	18	10	23
スプレー缶	14	13	23	26
登山	15	22	12	29
自転車	16	24	14	15
飛行機	17	16	18	16
電力（原子力以外）	18	19	19	9
水泳	19	30	17	10
避妊薬	20	9	22	11
スキー	21	25	16	30
X線	22	17	24	7
フットボール	23	26	21	27
鉄道	24	23	20	19
食品防腐剤	25	12	28	14
食品着色料	26	20	30	21
動力草刈り機	27	28	25	28
抗生物質	28	21	26	24
家庭用器具	29	27	27	22
予防接種	30	29	29	25

注：表中の順位は，30の活動・技術に対して，危険と思う順位を示している。数値が小さいほど，危険とみなされている。

出典：吉川肇子『リスクとつきあう』有斐閣選書，2000年，p.77。

険の順位を考えるのに対し、一般の人はそうではなく、他の経験などにより危険の順位を考えているために、こうした差が生じると考えられています。

こうした研究成果を現代的RM視点から見直すと、下記の点に配慮したリスク・コミュニケーション[15]が重要となります。
- 利害関係者のリスク認知には差がある
- 利害関係者のリスクの重要性に関する順番にも差がある
- リスク情報に関する互いの情報共有と理解が重要である
- 利害関係者のリスク情報処理プロセスがどういうものであるかの理解が重要

3．リスクマネジメント・プロセス

組織を構成する人々全員が、リスクやRMの目的、そしてRM活動などについて、共通の理解をしておくことが組織価値向上には欠かすことができません。したがって、事後対応的なRMでないようにするため、また組織構成員の共通の理解度を上げるため、RM活動のプロセスを設定しておく必要があります。

RMのプロセスには2つの捉え方があるといえます。**図表3－10**は伝統的なRMプロセスと現代的なそれとの概要を比較したものです。リスクを損失の可能性と捉える視点では、RMプロセスは組織に関わる「リスクの発見」からRMプロセスが始まります。しかし現代的なリスクマネジメントにおいては、リスクを組織目標の不確実性と捉え、「組織に関するリスク状況の理解」からRMプロセスを始めることが重要です。このようにリスクの捉え方によっても、RMプロセスの考え方が変わります。

後者の現代的RMプロセスをとる代表的なものは、オーストラリアとニュージーランドの国際的RM規格（AS/NZS 2004）です（**図表3－10**）。またこの図表の現代的プロセスはカナダ政府がガイドラインとして使用しているRMプロセスであり[16]、やはり「問題の発見と状況の確定」からRMプロセスをスタートさせています[17]。

図表3-10　伝統的RMプロセスと現代的RMプロセスの比較

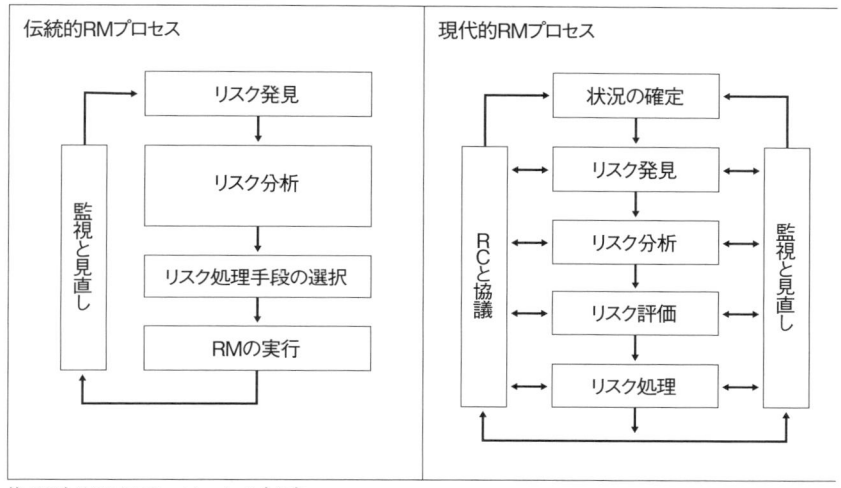

伝統的RMプロセス

監視と見直し ← リスク発見 → リスク分析 → リスク処理手段の選択 → RMの実行

現代的RMプロセス

RCと協議 ↔ 状況の確定 → リスク発見 → リスク分析 → リスク評価 → リスク処理 ↔ 監視と見直し

注：RCとはリスク・コミュニケーションをさす。

　伝統的なRMプロセスと現代的なそれとのアプローチの違いは，RMプロセスのスタートにおける「リスク状況の理解」と「リスク発見」の違いだけではなく，RMプロセス全体にわたり，利害関係者と組織間でリスクに関するコミュニケーション（リスク・コミュニケーション）が行われる点です。この点も，オーストラリアとカナダのRMプロセスには組み込まれています。この点については後述し，「組織に関するリスク状況の理解」，「問題の発見と状況の確定」の内容及びRMプロセスにおけるその他の事項について，以下，検討します。

(1)　「組織に関するリスク状況の理解」，「問題の発見と状況の確定」

　RMプロセスは，組織における状況の理解から始まります。より具体的には，①組織のビジョン，ミッション他の状況，②組織のRM状況，③組織の戦略状況等に関する分析です。こうした分析の後，組織に関わるリスクの発見，評価，対応が検討されます。

①組織のビジョン，ミッション他の状況の理解

RMは組織の到達目標，目的，戦略の状況に応じて実施されます。まず団体，組織のあるべき姿（ビジョン＝近い将来到達したい目標），そしてそのための組織の目的（ミッション＝組織の目的と存在意義を端的に表現しているもの）[18]を組織の全員で確認する作業が必要になります。ビジョンやミッションと現実との差がリスクになり，それを克服するための思考・方法がRMの本質となります。次のような視点からの問題提起とその検討が考えられます。
- 組織のビジョンやミッションと現実との差を役員やスタッフはどのように認識しているか
- 重要な意思決定に参画する人はどういう人々か
- 組織は外部関係者にどのように見られているのか

②組織のRM状況の理解

　リスクをどのように捉え，RMの目的をどのように考えているのかに関する共通の理解が基本的に重要になります。たとえば損失の可能性としてのリスクの軽減，回避をRMの目的するのか，事故のみをリスクとみてRM計画をたてるのか，それとも組織のビジョン，目的の達成に関わる不確実性をリスクとみるのかにより，RM計画は異なってきます。したがって次のような視点からの問題提起とその検討が重要です。[19]
- RM活動により組織のどういう目標を達成したいのか
- 組織はRM活動により，損失だけを生じさせるいわゆるマイナス・リスクの最小化を図るのか，それともミッションに関連するチャンスの実現を図りたいのか
- 過去にリスク経験がある場合，それが今回のRM計画に生かされているか
- RM活動に参加する人はどういう人々か

など

③組織の戦略状況の理解

　組織の強みや弱み，好機と脅威，内外の利害関係者など「戦略的状況」の分析であり，この分析は次の視点から行われます。

- 組織と組織が関わる環境との関係の分析が含まれる。外部環境として，以下のものが考えられる。人口動態（例：高齢化，世帯構成員の変化など），社会情勢（例：引きこもり，児童虐待，家庭内暴力，中途退職者の動向など），経済動向（例：資金源に関する動向，CSRの動向など），ボランティアの動向，行政や市民団体の動向など。

こうした視点からの基礎分析を行いながら，組織の財務面，オペレーショナル面，競争面，法的側面などに関する分析を行う。

- 組織内部及び外部の利害関係者（サービス利用者，寄付者，会員，ボランティア，財団，企業，行政，社会全般，協力団体，マスコミなど）を明確にし，彼らの目的・認識を考慮して，彼らとのコミュニケーション方針の確立を行う。

上記の分析を踏まえ，次のような視点からの問題提起とその検討が重要です（リスク分析の項参照）。

- 組織の強みと弱みは何か（例：行政との関係は協力的か，地域の学校との関係は密接か，組織内のコミュニケーションはどうか，など）
- 組織の機会と脅威は何か[20]（例：来年，国際協力関係の大きなイベントがある，新しい市長はNPO支援に熱心，など）

(2) 組織のリスク発見

第2段階の「リスクの発見」では，内外の利害関係者の視点から組織が関与する全リスクを洗い出すことが重要となります。組織内のどこからどんなリスクが生じるのか（リスク・ソース），組織のどこにどの程度の影響を与えるのかを様々な分析手法で把握し，分類する。本書の第4章でNPOに関わるリスクが検討されているので参照願います。

伝統的なRMでは，通常，リスクを人的リスク，財産的リスク，そして責任リスクに大別することが多く，リスクの発見もこうした視点から行われてきました。しかし，現代の組織では，営利企業，非営利企業を問わず，上記以外の様々な視点からリスク発見を行う必要があります。たとえば，NPOの評判リスク，情報の漏洩リスク，システムリスク，知的財産に関するリスク，人材に関するリスクなどです。NPOが置かれている環境を踏まえて，より多

様な視点からのリスク発見が必要です。

リスク発見の基本的な方法や考え方として，以下のものがあります。
- ブレーンストーミング
- 過去の統計データの参照：過去の損失や機会喪失の経験に関するデータがある場合，それをもとにリスクの推測をする（他のNPO団体における経験も参考にする）。
- シナリオ分析：リスクは生き物であり，過去と同じ形や強さで生じない場合もある。そうした事態を想定しリスク予測するシナリオ分析も重要です。たとえば，イベント中の重大な事故発生を想定することにより，病院がどこにあるのかの確認，医師到着までの時間，それまでの対応など，リスク対応策の検討も可能となる。

オーストラリアのある企業では，次のようなリスク基準でリスクの発見に努めています。こうした基準はNPOの場合にもあてはまるものが多いので，その一部を以下に示しておきます。括弧内はNPOを想定し，筆者が加筆したものです。[21]

①全社レベル
- 関連するプロセスや資産
- 関連するサービス，製品，材料
- 関連契約，人
- システムやプロセスへの消費者（利害関係者）の信頼や管理の程度
- 潜在的な財務上及び経営上の影響
- （行政の考え方の変化，政策の変化）
- （他のNPOとの関係）
- （経済情勢の変化）
- システムやプロセスの最近の変化
- 過去の損失経験
- 関連リスクに対する外部からの知識
- 関連する規則や法令の違反の可能性
- 従業員（スタッフ，ボランティア他）の能力，適正

など

②プロジェクトレベル
- 企業目標（組織目標，ミッション）との連動
- プロジェクトの利害関係者の発見
- プロジェクトに関係した必要資源の供給安定性
- 市場の安定性，競争要因
- プロジェクトの規模，範囲
- 責任者
- スケジュールの遅延可能性
- 関係者からの明確な期待
- 経営意思決定への影響
- 利害関係者との地理的な乖離問題
- 資金調達（寄付金）の制限
- 資源の入手可能性
- プロジェクトチームの経験
- サプライヤーの関与度の高さ
- あいまいで定量化されていない契約
- システム実行上の問題

など

　リスクの発見と同時に，今までのやり方でリスクがもたらすマイナスの影響をどの程度制御できているのか，内外の利害関係者に説明責任を果たすためのシステムはできているのか等の問題も把握しておくべきです。
　一方，現代的RMにおいては，リスクは管理次第ではチャンス，好機の可能性も生まれるので，マイナス影響と同時にリスクのもたらすプラス影響すなわちチャンスや好機の発生可能性とそれによる利得の大きさを推測し，リスク・マップに表示する必要があります。リスクを損失の可能性とのみ捉えず，チャンスの不確実性と捉え，その予測を行います。**図表3－11**はチャンスのスケールを5段階レベルに表示し，NPOの場合を想定し示したものです。

図表3-11 チャンスの可能性及び影響に関する尺度

レベル	可能性	チャンスがもたらすプラス影響の例
1	ほとんどない	利益が小さく，社会的価値が低い
2	軽微	イメージのわずかな改善，いくらかの社会的価値
3	大	評判がいくらか高まり，社会的価値が高い
4	顕著	評判が高まり，大きな社会的価値
5	甚大	評判が著しく高まり，極めて高い社会的価値

出典：Kevin Knight, "Risk Management：A Journey, Not a Destination," 2002に一部，筆者が加筆。

(3) 組織のリスク評価と分析

〈リスク・マップによる分析〉

　第3段階である「リスク評価と分析」では，リスクのNPOへの影響そして負担可能な軽微なリスクと重大なリスクの選別・分析を行います。リスクの大きさに関する分析では，リスクの発生頻度とリスクにより組織が影響をうける強さの2軸によるリスク・マップの作成が有効です（本章第2節「リスクの特徴」参照）。そして既述したように，NPOにとってのリスクの大きさは，両要因の積で求めておくことが重要です。頻度だけ高くても，影響が弱い場合，NPOのリスク許容度からみて深刻なリスクにならない場合が考えられるからです。次の**図表3－12**はリスクの頻度と強さを3段階で評価した簡易なリスク評価の例であり，これを基に2軸によりリスク・マップが作成されます。[22]

図表3-12 リスク発生頻度と強度によるリスクの大きさの評価

リスク	頻度の予測	NPOへの影響の強さ	リスクの総合的大きさ
少ない参加者	中程度	高い	中程度からやや高い
悪天候による中止	低い	高い	中程度
重大事故の発生	低い	高い	中程度
物資不足	低い	中程度	中程度から低い

〈リスク指標と組織のリスク・キャパシティから分析〉

　もう1つのリスク評価の考えは，組織に影響を与えるリスク指標をいくつか抽出し，それらと組織がリスクにさらされている値（リスク・エクスポージャー）及びリスク・キャパシティ（リスクの受容力＝組織がリスクにさらしても良いと考える資源の上限）との関係分析からRMを考えるものです。

　たとえばリスク指標の例として，①財政，②ミッションとの連動性，③評判，④市場性を抽出し，それらとリスク・エクスポージャー及びリスク・キャパシティ（リスクの受容力）との関係分析からRMを考え，これからの組織のRMの方向性を探し出すものです（**図表3－13**参照）[23]。

図表3-13　リスク分析の例

主要なリスク指標	現在，リスクにさらされている値（リスク・エクスポージャー，RE）	リスクに耐えうる上限値（リスク・キャパシティ，RC）	RMの方向性（REとRCの比較から検討）
財政	600万	400万	200万の損失可能性 財務リスク大→財務リスクの管理強化
ミッションとの連動性	700万	700万	現状維持
評判	400万	400万	現状維持
市場性	800万	1500万	700万の機会損失大→市場性を上げるため，よりリスクをとる（例：商品，サービス力強化の方策）

出典：上田和勇『企業価値創造型リスクマネジメント』白桃書房，第4版，2007年，第5章参照。

〈リスクとチャンスの双方の評価による分析〉

　現代的RMでは，ロスの可能性とチャンスの可能性の双方を同時に考慮するリスク・マトリックス及びリスク・マップが有用です。**図表3－14**にロスとチャンス双方を考慮したリスク・マトリックスの例が示されています。

　この考え方は，従来のSWOT分析に似たものがあります。SWOTとは，S＝組織の強み（Strengths），W＝弱み（Weaknesses），O＝機会（Opportunities），

図表3-14 ロスとチャンス双方を考慮したリスク・マトリックスの例

－S	－S	－S	－S	－S	A ほとんど確実	H	H	S	S	S
－S	－S	－H	－H	－M	B 起こりそうである	M	H	H	S	S
－S	－S	－H	－M	－L	C 可能性がある	L	M	H	S	S
－S	－H	－M	－L	－L	D 起こりそうにない	L	L	M	S	H
－H	－H	－M	－L	－L	E めったに起こりそうにない	L	L	M	H	H
－5	－4	－3	－2	－1	↑ 可能性	＋1	＋2	＋3	＋4	＋5
甚大	重大	大	軽微	ほとんどない		ほとんどない	軽微	大	顕著	甚大
<td colspan="5">マイナス影響</td>		<td colspan="5">プラス影響</td>

出典：注16のKevin Knight参照。

T＝脅威（Threats）であり，組織の内外の環境分析をこれら4視点から行い，経営課題，商品・サービスのあり方等を再考するものです。したがって組織のリスク評価や分析は経営分析と似た要素があります。

内外の環境分析から，NPOにおける組織のSWOTの例を，以下に示してみよう。[24]

①強み←内部環境から分析
　●資金調達に有能な職員が多い
　●行政と協力的な関係がある
　●地域の学校との密接な関係がある
②弱み←内部環境から分析
　●組織内のコミュニケーションが悪い

- ●活動についての認知度が低い
- ●財源が補助金に偏りすぎ
- ●新しい事業を展開する企画力が低い

③機会←外部環境から分析
- ●地域の環境保全への関心が高まっている
- ●新しい市長はNPO支援に熱心
- ●来年，国際協力関係の大きなイベントがある

④脅威←外部環境から分析
- ●同様の活動領域において新しい競合団体が入ってきた
- ●街づくりにおいて地域格差が広がっている
- ●景気の低迷による財団の助成金の減少

(4) リスク対応

　リスク対応に関しては，基本的な確認がまず必要です。第1は，リスク対応の目的はマイナス・リスクの最小化とチャンスの実現を通じ，NPOの価値を最適化するということの確認です。第2は，これまでのステップつまりリスクの捉え方，リスク発見，リスク評価までの分析との連動です。第3は，リスク対応は基本的にリスク・コントロールとリスク・ファイナンスに分けられ，この2つの方策をいかに組み合わせて対応するかという点です。

①リスク・コントロール

　リスク・コントロールとは，マイナス・リスクを想定した場合，マイナス・リスクの発生頻度や影響をいかに制御するかの方策をいいます。両要因をできるだけ抑えれば，マイナス影響を最小化できるからです。リスクの予防・軽減のために様々な諸活動を実施します。たとえば火災リスクの予防・軽減のための消火器の設置，ボランティアの事故予防のための安全教育の実施などがその例です。

　ただ，どこまで，どの程度の予算を用いリスク最小化に努めるかが重要になります。リスクを完全にゼロにすることは不可能ですから，組織に大きなマイナス影響のない範囲までリスク制御を行い，残ったリスクは残余リスク

として捉え，追加コストを払わず，追加コスト分の予算をチャンス実現のために使用するという考えです。

このリスク・コントロールは上に述べたリスク軽減とリスク回避に分けられます。リスク回避とは，リスク発生が考えられる活動そのものを行わない，回避するというものであり，たとえば新たな社会問題の発生を解決するための新たな活動を起こさず，従来のミッション達成のみに限定するというものです。リスク回避すれば，新規事業による新しいリスクは生じないでしょうが，新たなチャンスの可能性もゼロになります。

②リスク・ファイナンス

リスク・ファイナンスとは，リスクへの計画的資金の積立による対応であり，計画的に積み立てた資金等でリスク発生後の損失を第三者に転嫁し，転嫁できないものは自らが保有するというものです。その典型例はボランティア活動によって生じたにNPOの責任リスクを，事前に交わしていた保険契約により保険会社の転嫁する保険契約です。計画的資金の積立とは，保険契約の場合はリスクの特徴で既述したように，リスク発生頻度や平均損害額そして契約の維持に必要な事業費等の計算を意味します。共済も若干の特徴面での違いがあるとはいえ同様の目的をもったリスク転嫁制度です。

保険契約は基本的に純粋リスク（人的リスク，財産的リスク，責任リスク）でかつ対数の法則が機能するリスクに限られますので，保険でカバーされないリスクの存在に注意すべきです（例：人材の流失，評判，法令違反他）。また，各保険には免責事項があり，保険金支払の対象にならないリスクが明記されています。さらにどの程度の保険金額を設定するかの評価に注意しないと，事故発生時に生じた損害額の一部しか保険金が支払われない場合が生じます。保険契約をしているから安心とはいえない場合があるのです。[25]

③リスクコミュニケーン

リスクコミュニケーン（以下，RC）とは「リスクマネジメントに関して，当該組織が内部及び外部の利害関係者とリスク情報の共有と対話を行う継続的及び反復的なプロセスをいう」（ISO/TMB/WG, RM, 2005, 12）。リスク情

報の中には，RMの考え方，組織理念，存在するリスク（ロスとチャンスの可能性）の内容，特徴，頻度，影響，対応方法他の内容を含みます。このようにRCはRMプロセス全体に関わる重要な継続的活動といえます。

　RCは，当該組織（リスク情報の送り手）とその利害関係者（リスク情報の受け手）がこうした内容のリスク情報をいかに理解しあうかによりその効果が決まります。しかし，このリスク情報の共有は思うほど簡単ではありません。利害関係者によりリスクの大きさに対する知覚の違い，リスク経験の差，優先すべきリスクについての見解の相違，利害関係者の所属する組織のニーズや価値観の違いなどがリスク評価，リスク対応などに違いを生じさせるからです。こうした面での違いは，人により言い換えれば人の過去の経験，知識，価値観などが異なるから生じる面と，組織の経験，組織の持つ価値観，組織風土，組織文化が異なるから生じる面の２面があります。こうした諸要因は目には見えないものがほとんどです。これらが行動パターン，慣行，習慣に結びつき，リスク対応行動の多くを決めていく場合があります。したがって逆にこうした面での違いをリスク情報の送り手と受け手が互いに認識し，リスク情報他を文書化して情報のメンバー間での共有化を進めながらRMに関する意思決定をしていくことが重要です。そのためにも，次の諸点に留意したコミュニケーションが重要です。

　①利害関係者への情報は一方的な通知に終わらず，相互理解が必要。
　　　有効なRCは組織情報やリスク情報が上から下に，下から上に，また横同士で行われなければなりません。
　②RCは組織内部のみではなく，外部の利害関係者間とも行われなければならない。
　③リスク情報の受け手と送り手とが共通の言葉を使い，共通の理解を目指すこと。
　　　そのためにも，リスクやRMに関して，共通の理解が進むように用語の統一化，文書化，研修を怠らないことが肝心です。
　④利害関係者のリスク認知レベル，リスク理解レベルを確認し，文書化しておく。
　⑤受け手が送り手にどういうことを期待しているのかの送り手の理解が重

要。

　RCは，RMプロセスのすべての段階に関わる重要な活動ですが，既述したようにRMプロセスの第1段階での分析事項である「組織に関するリスク状況の理解」，「問題の発見と状況の確定」の中に含まれる「外部の利害関係者の当該組織への期待分析」が特に重要です。利害関係者の期待と当該組織の提供する実際の活動との差が損失になり，その改善がチャンスになるからです。したがって，この分析では，ロス情報やチャンス情報の共有が行われるべきです（この事例に関しては第6章第2節参照）。

注
1) 損失の不確実性という狭義の定義から損失とチャンスの双方に関する不確実性，さらには組織の視点からみれば，組織目標の達成に関する不確実性をリスクと捉えることができます。
2) この叙述は，主に上田和勇『企業価値創造型リスクマネジメント』（白桃書房，第4版，2007年）の補章を参考にしています。
3) 特定の出来事の発生可能性も一見すれば規則性がみられないが，同一条件で特定事象が起こるとすれば，生起回数が増えていくにつれ，その発生頻度が次第に一定値に近づく統計学上の現象をいう。リスクを統計的に把握する場合の基本的な原則。
4) 日吉信弘『保険とリスクマネジメント』損害保険事業総合研究所，2002年版，p.7。
5) **リスクの大きさ**
　　リスクの大きさがどのぐらいになるのかを理解するときの糸口は，リスクの発生確率とリスクがもたらす影響の大きさ（強度）を把握することであり，両者の積で求めることができます。
6) 大数の法則は1700年代にヤコブ・ベルヌーイによって発見された。
7) ハザードとは，リスクの発生確率や損害の大きさに影響を与える諸条件をいい，ペリルは事故そのものをいう。
8) システミックリスク（Systemic risk），リスクの連鎖による損失の可能性。
9) James Pickford ed., , Volume 1, Financial Times Prentice Hall, 2001), p.205.
10) 日吉，前掲書，p.65。
11) **ハインリッヒの法則**
　　1回の重大な事故の背景には29回の中程度の事故があり，その背景には300回に及ぶ軽度の事故が発生しているというものです。この法則の教えるところは，1回の事故を根絶するためには300回の軽微な事故を防止しなければならないというもの。
12) **リスク・コントロール**

リスクがもたらすマイナス影響を軽減・回避するための諸活動をいう。
リスク・ファイナンス
リスクがもたらすマイナス影響を移転,保有するための資金の計画的積み立てをいう。

13) 日吉,前掲書,pp.14-15参照。
14) 吉川肇子『リスクとつきあう』有斐閣選書,2000年,pp.77-79参照。
15) **リスク・コミュニケーション**
リスクに関する意思決定内容,実行状況他を企業のRM意思決定者が内部及び外部の利害関係者に継続的に情報共有し協議することをいう。
16) Treasury Board of Canada, "Integrated Risk Management," 2001, p.26.
17) オーストラリア,ニュージーランド両国によるRMの国際規格の見解では,「RMとは,組織のあらゆる活動,機能,プロセスに伴うリスクがもたらす損失を最小化するとともに,リスクがもたらす好機が最大になるように,論理的,システム的に,状況の確定,リスクの特定,分析,評価,処理,監視及びコミュニケーションすることをいう。RMとは損失を回避,低減するとともに好機を発見することである」とあり,これが現代的なRMの定義です。
18) 坂本文武『NPOの経営』日本経済新聞社,2004年,p.49。
19) Melanie L. Herman et al., , John Wiley & Sons, Inc., 2004, p.38を一部参照。
20) 坂本,前掲書,p.63。
21) Standards Australia, "Organizational experiences in implementing risk management practices," HB250, 2000. 一部筆者が加筆。
22) Melanie L. Herman et al., .
23) 上田和勇『企業価値創造型リスクマネジメント(第4版)』白桃書房,2007年,第5章参照。
24) 坂本,前掲書,pp.63-64参照。
25) 上田和勇『持続可能型保険企業への変貌(新版)』同文舘出版,2008年,第4章参照。

第4章 NPOのリスクマネジメントの実際

1. NPO特有のリスク

(1) リスクの特徴

　リスクの定義は，NPOと企業の間で大きく異なるものではありません。しかし企業のリスクマネジメントとNPOのそれが異なるとすれば，それはたとえば，以下のような点でしょう。

1．NPO活動は，リスク発生時の「利益損失」を測定しにくい
2．もともとリスクを取ることとミッションの実現が密接に関係している
3．発展途上国でのボランティア活動など，高リスクの活動が多い
4．サービス提供と，それに対する対価を払う者が一致するとは限らない
5．マネジメントに対する意識や知識，予算が少ない
6．ボランティアなど無給の，あるいはそれに近い人々によって支えられている場合が多い
7．リスク発生時の損失や対応にかかるコストを補填するだけの収入を確保できにくい
8．私物を利用することが多い
9．一組織の事故やトラブル，不祥事でも「だからNPOは信用できない」とセクター全体の評判に影響する

実際は，生命に関わる福祉や緊急的な国際協力に関わっていたり，DVや虐待などの人権侵害の被害にあった女性や子どもたちに寄り添ったり，または引きこもりや不登校の子どもたちに居場所を提供するなど，事故やトラブルが発生するリスクと常に隣り合わせの活動をしているのがNPOでありボランティアです。また，取り扱う情報も，福祉や医療分野のNPOであれば特に，センシティブ情報を扱っており，1件でも漏洩または紛失したら大変なことになります。ボランティアとして子どもたちを引率してキャンプに行き，そこで子どもが事故に遭えば，ボランティアが法的責任に問われることがあります。さらに，そもそもそのボランティアはNPOの活動中にそのような事故に関与したのだからと，ボランティアの受け入れ組織が法的責任に問われることがあります[1]。

　「NPOだから」「ボランティアだから」「善意だから」「良いことをしているから」と言って法的な責任が問われないということはないのです。

　事故トラブルによって，誰かの身体が傷ついたり，第三者の所有物を壊したりなくしたりした場合に，ボランティアやスタッフなどの当事者，そして当事者を監督する責任のあるNPOが賠償等の責任を負うかどうかは，

- 当事者の行為（不作為を含む）が事故によって起きた結果との因果関係があるか
- その事故は予見可能だったか
- その事故は回避可能だったか

によります。予見不可能であれば，法的にみて賠償責任は無い，あるいは軽減される可能性がありますし，予見が可能であったとしても回避が不可能であればやはり法的には賠償責任は無いあるいは軽減される可能性があります。被害者の過失も問われます。

　たとえば，屋外で自然体験のために子どもたちをボランティアで連れて行ったところで起きてしまった死亡事故について，亡くなった子どもの年齢も考慮した上で，引率していた成人ボランティアの過失と，子ども本人の過失を相殺する程度が異なる判決となっています。

> ボランティアやNPOが問われるかもしれない法的責任（例）
> - ●刑事責任
>   - 過失傷害
>   - 過失致死
>   - 業務上過失致死傷
>   - 重過失致死傷
> - ●民事責任
>   - 不法行為責任
>   - ボランティアが団体に所属している場合，団体の長は使用者責任（民法715条）
> - ●行政責任
>   - 施設の使用禁止
>   - 免許の取り消し

　今後は，リスクマネジメントの予算や必要な知識やスキルをもった人員の確保が，NPOのリスクマネジメント実践には課題となるでしょう。リスク・マネジャーやリスクマネジメント専門スタッフの確保は，マネジメント全般での課題ともいえます。

　また，NPOが政府の片腕，政府のサービスを「そのまま」（誤解を恐れずにいうなら，「言いなりに」）実施するサービス供給団体となってしまうことは，NPOとしての1つの大きな危機です。資金基盤の脆弱さが，NPOのアイデンティティに危機を及ぼす恐れがあります。行政の委託を受けることが悪なのではなくて，「なぜ自分たちは民間で，NPOで活動を進めているのか」を忘れないようにする必要があるということです。

　多くのNPOは，その活動の目的や社会的責任をまっとうするには組織の規模が小さく，少ないスタッフやボランティア，資金で活動しています。「NPOだから」「お金がないから」「時間がないから」「活動が大事だから」と組織の基盤整備や強化を後回しにするNPOのトップの声をよく耳にしますが，それではせっかくの活動が「まさか」の事故やトラブルで台無しになってしまいます。

　リスクマネジメントに必要な資金や専門スタッフがほとんどないという

NPOが,「良いことをうまくやる」体制を作るにはどうしたら良いのでしょうか。唯一の回答はなく,最終的には各NPOによって異なります。それは,そのNPOの予算やスタッフなどの規模や組織としての設立からの期間,活動内容や関わる人たちのもつ能力や経験,気質などが影響するからです。

(2) **組織に蓄積されないノウハウ,ネットワーク**

NPOの大きなリスクとして,ノウハウやネットワークが組織に蓄積されないことが挙げられます。情報やネットワークやノウハウ,そして「人」などの「財産」が組織にではなく一部の人についていて,その人が何らかの理由でその組織から離れると,財産までも組織から離れてしまうことがあります。個々人の能力や魅力に違いは当然あり,また組織の中の人に魅力を感じまた信頼して,そのNPOへ寄付したり協力したりということはありますが,それでも,NPOの中で代表やスタッフが抜けるとそのノウハウは組織としてのNPOに蓄積されることがありません。このことはNPOの組織が小さく,また,提供するサービスが医療・福祉など「人」を対象にすることが多いことも原因しています。

(3) **ミッションと外的環境を常にみる**

ミッションとずれた活動をしてしまうことは,NPOにとって大きなリスクの1つです。たとえば,助成金や補助金が獲得できるからと,毎年確保できそうな資金をもとめて申請書を書いているうちに,「一体何をする団体なのか」が見えなくなる恐れがあります。もちろん,組織として会員やサービス利用者,スタッフを抱えていれば,存続するために必要な資金を調達することも大切なことです。しかし,あまりにも統合性のない事業ばかりを抱えるようになれば,組織として「われわれは何者か」が関係者にも,そしてピーター・F・ドラッカーは,『非営利組織の「自己評価手法」』において,

①われわれの使命(仕事)は何か
②われわれの顧客は誰か
③顧客は何を価値あるものと考えるか
④われわれの成果は何か

⑤われわれの計画は何か

という「ドラッカーの5つの質問」を通じて，NPOが自己評価をし，改善点を見つけていくことを提案しています。リスクマネジメントにおいても，「危ないから」「責任を問われては困るから」という考えを全面的に優先させた実践では，そもそも自分たちが意図していた社会的課題の解決とは異なる結果を生み出してしまいます。

ドラッカーの「5つの質問」を理事やスタッフは常に自問自答しながら，「誰のための活動か」を考えてリスクマネジメントを実践する必要があります。

同時にこの質問は，「忙しい」「お金がない」「人手が足りない」などの理由でリスクマネジメントを後回しにしないためにも有効です。リスクマネジメントには「誰の方を向いて活動をしているのか」という姿勢が現れます。「お金がない」などはリスクマネジメントを進める上での制約条件にはなりますが，阻害要因ではありません。最終的には1人ひとりの心がけがリスクマネジメントの鍵をにぎるということは，企業の不祥事などをみても明らかです。サービス利用者や会員を，そして活動を担ってくれるボランティアやスタッフを危険から守ろうという姿勢と行為がなければ，「サービス利用者の生活の質の向上のため」とか「ボランティアが楽しく活動できる」といううたい文句は，リスクが発生したときにむなしく聞こえるだけです。

(4) 運営リスクと活動リスク

運営と活動のリスクは完全に，また簡単に分けられるものではありませんので，本当は実用的な分け方ではないと思います。しかし，NPOのリスクマネジメントの特徴の1つかもしれませんが，従来，多くのNPOがまずは「想いと活動ありき」でスタートしていました。とにかく目の前にある問題に対して行動を起こすことが大事であり，それに伴い，活動上のリスクへの取り組みが先に始まることの方が結果的に多かったのです。

「とりあえず走り出した」人たちが，継続してその活動を続けていくためには，組織としての形を作っていく必要が出てきます。周囲からも認知されるようになれば，それまでよりも社会的責任も求められます。そこで，それま

での「大きな事故が起きないようにしよう」から組織としての体制づくりが始まり，リスクマネジメントもその中に入ってくるようになります。

　各活動やプロジェクトを集めるだけでは組織にはならないように，各活動のリスクに取り組むだけではNPOとしての包括的なリスクマネジメントはできません。またプロジェクト等の担当者次第でリスクマネジメントの取り組みが変わってしまうようでは，意識や取り組みの低いところからリスクが発生する可能性が高まります。オペレーションではなくマネジメントのレベルでの取り組みがなければならないのです。

　NPOの場合，通常の営利団体よりもマネジメントは難しいといえます。NPO活動は，その活動に対して社会的な意義を見出し，その結果のやりがいや喜びが大切であり，金銭的収入や組織内での地位によって参加者を拘束しているわけではありません。また，活動参加は任意であり，参加者はいつでも活動をやめることが可能だからです。

　このように，NPOにとってマネジメントは無縁どころか，むしろ，非営利であるだけに，企業をはじめとする営利団体よりも高度なマネジメントが要求されています。

(5)　重要な「こころのダメージ」

　NPOへの参加者は，その組織の理念・ミッションを達成するためにボランティア精神で参加活動を行っています。もちろん，有給スタッフとしてNPO活動を職業とする人々もいますが，活動全体をみれば多くのボランティア精神に支えられていることに変わりはありません。

　組織における経営資源は「人」・「物」・「金」・「情報」といわれ，これらは互換性があるとされています。「金」を使って「人」「物」の不足を補うことが可能ですし，一方，「人」「情報」を充実させることにより，「金」を節約することも可能です。

　しかし，NPO活動の最大の資源であるボランティア精神はこれとは異なっています。ボランティア精神は決して「金」で買えませんし，「人」「物」「情報」を充実させることにより活動を高度化させることはできてもボランティア精神を高めることとはできません。ボランティア精神は組織における経営

資源とは密接な関係にあっても独立しているのです。

また，同じく，ボランティア精神に支えられたスタッフ・サポーターを動かすのはお金や地位ではありません。活動に対する共感・喜び・働きがいです。言い換えれば「こころ」の充実なのです。

NPO活動においては「こころ」が大切であり，リスクマネジメントにおいても参加者の「こころのダメージ」を考え，また，広い意味での信頼・安心といったNPOの持つ非財産価値（無形価値）を考慮することが重要です。

(6) 行政との関わり

NPOはその活動分野によっては行政と深く関わりを持っています。特に医療や福祉といった本来行政が担ってきた分野においては，業務を受託する形も多いといえます。問題なのは行政のNPOに対する意識や対応です。行政がNPOに業務を委託する場合，その報酬が企業の数分の一ということもめずらしくありません。また，NPO活動におけるユニークなアイデアは，企業であればビジネスモデル特許のような形で保護されるにも関わらず，NPOに無断で行政が施策にそのまま取り入れてしまうケースもあります。NPO活動は市民活動であり，営利を目的するものではありません。しかし，それが都合よく理解され，「ボランティア活動は無償で当たり前」という考えのもと行政がNPOを利用するケースが散見されます。

また，行政側に悪気はなくても，行政方針の変更は，NPO活動に影響を及ぼすことになります。

このように，行政が思わぬ形でNPO活動を阻害することがあり，行政方針の変更，受託報酬の妥当性，活動ノウハウの盗用など，十分気をつける必要があります。

2．人に関するリスクマネジメント

NPOにとって，「人」という財産はかけがえのないものです。サービス利用者，イベント参加者，会員，寄付者，ボランティア，スタッフ，理事など，様々な形で人はNPOに関わります。

有給スタッフに関しては，まず雇用主であるNPOは，労働環境を整える法的な責任があります。NPOも，人を雇った時点で企業などと同様に，労働保険（労働災害保険及び雇用保険）や社会保険への加入など法人格の有無に関わらず，雇用主としての責任を負います。「適用事業報告」を管轄の労働基準監督署に提出し，常に10人以上雇う場合は就業規則等の書類も提出する必要があります。[2]

(1)　ボランティア・マネジメント

　ボランティアのNPOへの関わり方は実に多様であり，どのような役割をもってNPOに関わるかによって，ボランティアに関するリスクは異なってきます。報酬を受けない理事からバザー開催の手伝いまで，ボランティアはNPOの活動のあらゆる場面で活躍しています。運営スタッフも全員ボランティアというNPOも少なくありません。

　しかもボランティアはNPOと正式な雇用契約関係にはありません。企業のリスクマネジメントとの違いの1つが，このボランティアの存在です。

　ボランティアの無償性＝「対価を求めない」姿勢から生まれる活動は清く正しく美しい，という意見もあるかもしれません。しかし，ボランティアの自発性がときには，「朝起きて，ボランティアに行きたくないと思えば行かなくていい」と歪曲解釈し，無責任な態度につながることがあります。たとえば，外出に介助が必要なお年寄りが，診察のために自宅と病院を往復する必要があるのに，ボランティアが約束の時間に来ないで病院に行けないことも起きるのです。中には「ボランティアはあてにならないから」と，どうしても外出しなければならない用件の時にはヘルパー，少々時間がずれたり，あるいは次の日にずれてもいいというときはボランティアを依頼するという人もいます。本来は，ボランティアの活力で社会をさらに良いものにしていけるはずなのに，残念です。

　またボランティアの自発性を重んじるあまり，組織としてのミッションの達成とは違う方向に向かい，ボランティアにふりまわされているNPOも時々見受けられます。

　ボランティアは自発性をもってボランティア活動やNPOの業務に関わると

しても，そこでは活動や団体のミッションの達成が求められ，サービス利用者やイベント参加者，他のボランティア仲間やスタッフからはそのボランティアが時間通りに現れて，合意した活動に従事することが期待されています。そこで，

- ボランティアの役割やボランティアに求めることを明らかにする
- ボランティアの受け入れのプロセス（募集→採用→研修→スーパーバイズ→振り返り）を確立する
- ボランティアとの間に誓約書を交わし守秘義務についても事前に合意してもらう
- スタッフ向けにボランティア受け入れマニュアルを作成する
- ボランティア保険に加入する
- オリエンテーション，振りかえりを実施する

などの方法がリスクマネジメントとして考えられます。

　たとえば，ボランテア希望者で，自分たちのNPOの求めるのとは違う人を必ずしも断らなければいけないわけではありません。しかし，誰でも受け入れることは，その人が組織の中で事故やトラブルを引き起こし，さらに組織が責任を負うことになるかもしれないリスクをも引き受けたことになります。その後の研修や担当してもらう活動を工夫することでリスクを減らしていく努力がNPOには必要です。ボランティアとはいえ，管理注意義務は生じており，それを怠れば法的な責任を負うこともあり，利用者や寄付者，会員等へのリスクになるだけでなく，組織自身に跳ね返ってくるのです。

　ボランティアに関するリスクをまとめると以下のようになります。

「ボランティア」に関するリスク
・ボランティアの活動中における死亡，けが，事故 ・ボランティアの活動中における過失，不法行為 ・ボランティアによる反組織的行動 ・ボランティアによる反社会的行動

リスクが顕在化したときの影響
・人的要因・精神的要因によるNPO存続危機の発生 ・第三者に対する損害賠償の発生 ・ボランティアに対する損害賠償の発生 ・NPO法人の信用の失墜
リスクへの対処法
・保険（生命保険・傷害保険・ボランティア保険・賠償責任保険）への加入 ・ボランティアとのコミュニケーションの充実 ・ボランティアに対する研修・勉強会の実施 ・ボランティアとの覚書・契約の締結（活動中における責任範囲の明確化） ・安全規則など各種規則の作成 ・スタッフに対するボランティア管理に関する研修・勉強会の実施

(2) 「リーダー」というリスク

　後継者の育成も，NPOにとっては大きな問題です。カリスマ性のある代表や事務局長など，組織のリーダーは，組織の象徴的存在として組織へ人や寄付，情報を呼び込み，支援者や地域社会との信頼関係を築くのにも重要な役割を果たします。これは，組織にとって強みであると同時にそのリーダーが何らかの形で組織から離れれば，組織の求心力も弱まり活動に支障をきたすことも考えられます。今のリーダーはかけがえのない存在ではあるでしょうが，個人としてではなく組織として存在している以上，「自分がいなくても社会的に重要な活動を続けられる」体制を整えていくことが，リーダーには求められるのです。

　リスクマネジメントはトップの決断と先導力が必要ですが，自分がいなくなったときのことを考えるのは，まさにトップにしかできない究極のリスクマネジメントともいえるのではないでしょうか。

　NPOが時限的なもので，数年で所期の目標を達成して解散する予定であれば話は別ですが，継続的に活動を続けていくのであれば，NPOのリーダーには，3つの心構えを持っていただきたいのです。

1．リスクマネジメントを浸透させるのは自分の役割であり責任である
2．自分が「組織の顔」として対外的にも対内的にも強い存在であるほど，自分自身が組織にとってリスク要因であることを自覚する

3．「自分がいなければこの組織はダメだ」ではなく「自分がいなくてもこの組織はやっていける」体制を作る

　あるNPOの創設者でもある理事長が「育てないと，任せられない」と語ったことがあります。これは，逆にとれば「育てれば，任せられる」ということでもあります。この理事長は，自分の次のリーダー候補として数人をリーダー養成し，既存の事業を事業のリーダーたちに任せ，自分は新規の事業を立ち上げたり，立ち上げ後しばらくはその事業にかかりきりになれるようにしています。自分が創ったNPOに強い愛着があるのは当然ですが，だからこそ，リーダーは自分がいなくなった後のことを考える必要があるのです。

　別のNPOでも，20年以上リーダーとして活躍してきた設立者でもある理事長が，自分が数年後に理事長の座を降りることを宣言し，プロジェクトの責任者たちに次のリーダーや組織づくりについて，じっくり話し合い，心積もりをする猶予をもたせました。対外的にも，委員会や研究会のメンバー，講演などの依頼が来たときに自分ではなくプロジェクトの責任者などを派遣することで，徐々に「自分以外にもこのNPOには人材はいるんです」とアピールしていきました。外に出て組織の歴史や活動内容を紹介することは，組織のことや活動をとりまく法制度，社会環境について勉強をすることにもなり，担当するスタッフにとっても組織の一員であることをさらに自覚するようになるのです。このような経験を積んでもらいながら，リーダー養成を計画的に進めていくことが，トップが交代しても組織の活動の質と信頼が低下しないように備えるリスクマネジメントとなります。

　リーダーやキーパーソンを含めてスタッフに関するリスクをまとめると次頁のようになります。

「スタッフ」に関するリスク
・スタッフ（代表者・キーパーソン）の死亡，病気，けが ・スタッフ（代表者・キーパーソン）の退職，バーンアウト，仲間割れ ・スタッフの業務遂行上における過失，不法行為 ・スタッフ労務管理 　（過労・労働安全・セクシャルハラスメント・職場暴力・パワーハラスメント） ・労働関係法令違反 ・スタッフによる反組織的行動 ・スタッフによる反社会的行動
リスクが顕在化したときの影響
・人的要因・精神的要因による NPO 存続危機の発生 ・第三者に対する損害賠償の発生 ・スタッフに対する損害賠償の発生 ・NPO 法人の信用の失墜 ・法令違反による処罰
リスクへの対処法
・保険（生命保険・傷害保険・労災保険・賠償責任保険）への加入 ・スタッフ間のコミュニケーションの充実 ・特定の個人に依存しない組織づくり（情報の共有化・権限の分散・後継者づくり） ・労働契約の締結 ・就業規則など各種規則の作成 ・労働関係法令の確認 ・専門家（社会保険労務士）による労働関係の確認 ・スタッフに対する研修・勉強会の実施

(3) イベント参加者のリスク

　NPO活動において各種イベントの開催は，NPOによっては活動の最大行事であり，自己の活動を広く世間に知らしめ，新たなコミュニケーションの場としても重要です。また，イベント参加者から次のスタッフやボランティアが現れることも少なくなく，NPO活動の発展にも欠かせないものとなっています。

　一方，イベントでは不特定多数の人々が一堂に会することになります。ひとたび事故が起きるとその損害が大きくなる可能性が高いといえます。森林保全活動など，イベントにおける作業そのものにリスクを伴うものもあります。また，イベント参加者を装い，窃盗などを企てるものが混入することも

考えられます。

イベント参加者に関するリスクをまとめると以下のようになります。

「イベント参加者」に関するリスク
・イベント参加者の死亡，けが，事故 ・イベント参加者による利用施設などの毀損 ・イベント参加者による近隣への迷惑行為 ・イベント参加者を装う者の不法行為
リスクが顕在化したときの影響
・第三者に対する損害賠償の発生 ・イベント参加者に対する損害賠償の発生 ・NPO法人の信用の失墜
リスクへの対処法
・イベント会場の安全性の事前確認・確保 ・悪天候などによるイベント中止の判断基準の明確化 ・スタッフ（ボランティア）に対するイベント参加者対応に関する研修・勉強会の実施 ・主催者スタッフとイベント参加者が明確にわかることの工夫 ・保険（レクリエーション保険・傷害保険・賠償責任保険）への加入 ・危険が伴う場合，イベント参加者との覚書の締結（活動中における責任範囲の明確化） ・イベント運営ルールの作成

3．モノに関するリスクマネジメント

(1) リスクの概要

NPOにとって，活動や運営のための場所や物など，様々な物を所有したり借りたりしています。それらについて

●破損
●盗難
●紛失

などのリスクに備えることが基本となります。たとえば，

- 自分たちが所有あるいは排他的な使用権を持つ物に関して，製品名や型番，取得日などの一覧表を作成する。他組織から借りている物に関しては返却期限も作成する
- 借り物や高価な物などは，事務所や保管場所から持ち出す必要があるときは持ち出し者，用途，持ち出し日と返却日を記録する
- 定期的に備品等が紛失していないか確認する
- 紛失ではなく盗難である場合は警察に届け出る。保険でカバーされているのであれば，保険会社にも連絡する
- 地震に備え，重い物は固定する（ただし，物件上可能であれば）

　一番困るのは，なくなった物が盗まれたのか紛失なのかわからないとか，盗まれたとしてもいつのことかわからないという「あやふやなこと」です。そもそもその「なくなっている」物がこの組織にあったことさえ証明できなければ，意味がありません。領収証や保証書は，別のところに保管しておきましょう。

　バザーなどのイベント会場で，一時的に参加者から預かった荷物を紛失してしまうなどの場合は，決められた条件に合えば，後述するボランティア行事用保険などで賠償できます。しかし，賠償できることと，相手に不快，不安な思いをさせたことは帳消しになるものではなく，参加者が今後は自分たちの組織を支持し続けてくれなくなるリスクは消えないので，充分な人員配置が必要です。

(2) 施設管理

　施設といっても，NPOが運営，管理する施設は乳幼児の一時預かりから高齢者や障がい者の通所や入所施設，NPO支援センター，ドメスティック・バイオレンス（DV）の被害者の一時的な避難場所としてのシェルターなど，様々です。障がい者やDV被害者などにも色々なケースがあります。多様な人々のための施設ですが，共通するリスクとしては，

- 利用者の転倒や利用者同士のトラブルなど，利用中の施設内の事故やトラブル
- 地震，火災，風水害などの災害
- 施設内の感染症の発生
- 不審者の侵入
- 盗難

などが挙げられます。対処方法を考える際には，

- 利用者は誰か（障がい者，高齢者，子ども，虐待の被害者など）
- 利用者の人数
- 利用者は比較的固定されているか，不特定多数か
- 戸建てかどうか
- 施設が団体の所有かどうか

などがリスクを測定するために必要な視点の例となります。他にも，自治体など他社が所有・管理しているのか，自分たちで所有しているのかなどによっても，取れるリスクマネジメント方法は異なります。官設民営のNPOセンターの中には警備員が建物の1階にいるなど自分たちの予算を使わずにセキュリティを強化できる場合もありますが，民間の子育て支援活動に取り組むNPOの場合はそのような予算がつけられないことも多く，また警備員が入り口にいると子ども達が怖がるかもしれません。

- フロア（現場）のスタッフやボランティアの配置を工夫して死角がないようにする
- 災害に備えて，普段の利用者とスタッフの人数に充分な非常袋や毛布などの準備をする
- 一時避難場所，広域避難場所などを確認し，火事や地震などに備えて避難訓練を実施する
- 不審者の侵入経路を減らすよう，裏口の門やドア，窓の施錠や見回りをする

- 最寄りの交番や警察署，消防署の連絡先を掲示しておく
- 盗難や地震の際の転倒に備え，家具や重いものを固定する
- 地震などの災害の際の，利用者やスタッフなどの避難や帰宅について決めておく

　また，めったにあることではありませんが，施設の場合，シェルターなどをのぞけば地域に顔が見える存在です。大地震の際，建物に大きな被害がないと思われる場合，地域で家が壊れたり住めない状態になった地域住民が，公民館や学校がいっぱいなので避難させてほしいと頼ってくるかもしれません。その時にどう対応するのかなども，考えてみましょう。
　物に関するリスクをまとめると以下のようになります。

「物」に関するリスク
・自然災害（地震・台風・水害・落雷・噴火）・異常気象
・動物・害虫（ねずみ・シロアリ）
・火災・漏電
・盗難
・停電・断水
・建物の老朽化・建物の瑕疵
・設備の故障・機械の整備不良
・交通事故（車両盗難・車上荒らし）
・施設管理関係法令違反
リスクが顕在化したときの影響
・経済的損失の発生
・情報など無形資産の損失
・復旧までの人的労力の損失
・第三者に対する損害賠償の発生
・スタッフに対する損害賠償の発生
・NPO法人の信用の失墜
・法令違反による処罰
リスクへの対処法
・自然災害予測，防災計画の策定
・火災訓練など防災訓練・教育の実施
・防犯対策の実施
・安全運転教育
・施設の定期点検の実施
・保険（火災保険・地震保険・賠償責任保険）への加入
・非常時の代替施設の確保
・施設・設備の使用規則の作成

4．お金に関するリスクマネジメント

(1) 現金等の管理

　資金リスクについて考えるとき，資金調達だけではなく，資金管理におけるリスクについても考える必要があります。

資金リスク例：
- 現金や通帳等の盗難，紛失
- 関係者による横領
- 利用金融機関の破綻等により一時的に預金が凍結される

　「NPOでお金がないから，ドロボウにも入られない」と考えている人たちも多いのですが，実際は，雑居ビルやマンションに活動拠点をおく団体で，空き巣に入られている団体も少なくありません。たとえば，鍵をかけていない引き出しからビル荒らしに遭い現金を外部侵入者に盗まれた事例や，車上荒らしに遭ったケースもあります。
　このような資金リスクへの対応としては，

- 窓やドアの施錠忘れがないようにスタッフに呼びかける
- 車上荒らしに遭っても被害を最小限にくいとめるよう，貴重品や個人情報などは車内に残さない。電車の網棚などにも置かない
- 事務所内に，多額の現金をおかない
- 現金や通帳などは，金庫などロックできる場所にしまい，権限を有する限られた人（たとえば理事長，事務局長，会計の3人など）だけが鍵を持ったり暗証番号を知っているようにする

　現金や銀行等の口座の通帳やキャッシュカード，印鑑，団体のクレジットカード等，NPOの財産に関する管理は，あまり多くの現金を事務所においたり，誰でも現金や通帳，キャッシュカードを扱えるような状態にせず，事務

所におく現金の額を決め、それを超えればこまめに銀行等の口座に預け入れたり、現金等を扱えるのを会計担当者と事務局長など一部に限り、金庫の開け方や鍵の場所はその人物以外知らないようなルールや環境づくりなどの対策を取っているNPOもあります。ペイオフ対策も必要です。

現金等のリスクをまとめると以下のようになります。

「現金等」に関するリスク
・現金またはそれに類するもの（通帳・印鑑・各種カード・有価証券）の盗難・紛失 ・盗難された印鑑・各種カードなどの不正使用 ・自然災害・火災による消失 ・スタッフ・ボランティアなどによる流用・盗難
リスクが顕在化したときの影響
・経済的損失の発生 ・後始末における人的労力の損失 ・第三者に対する損害賠償の発生 ・スタッフ・ボランティア間の相互信頼の喪失 ・NPO法人の信用の失墜
リスクへの対処法
・事務所の防犯の徹底 ・現金類の金庫または鍵がかかるところでの保管 ・通帳、印鑑、各種カードの複数個所での保管 ・現金類管理者の限定。但し、入出金における複数スタッフの関与、定期的なチェックなど相互チェック体制の構築 ・事務所内、各種イベントにおいて現金類は目立たないようにする配慮 ・保険（火災保険・盗難保険・動産総合保険）への加入 ・非常時資金の確保 ・現金類取扱規則・ルールの作成

(2) 運営資金のリスク

〈運営資金の調達〉

資金管理のリスクでもう1つ忘れてはならないのは、「少数の、あるいは限られた財源に頼る」ことです。立ち上げ初期には、ある程度仕方の無いことですが、いつまで経っても、たとえば行政からの補助金や助成金、あるいは会費による収入に組織の財源の大きな部分を依存していることがあります。

補助金や助成金は，単年度，あるいは数年程度のものです。また，事業をすることで得られるものなので，一部をのぞき先行して事業を実施し，出費することになります。また，打ち切られれば，それだけ予算が少なくなるので，事業の継続，場合によっては組織の存続の危機となります。

　常に，資金源の多様化に取り組むことも，資金リスクへの取り組みとなります。

〈資金源のポートフォリオを作る〉
　「資金源は，会費，寄附金，本来事業からの対価収入，非本来事業からの対価収入，助成金，補助金，借入金，金利等」，大別すると，8種類あります[3]。設立して間もないときや一時的にはバランスが崩れることもありますが，1つあるいは2つの資金源に組織の財源を依存しすぎているようなら，もしその資金源が枯渇あるいは大幅に縮小したときにそのまま組織の存続の危機になります。まずは，現在の収入は財源ごとにどれくらいの割合によって構成されているか確認しましょう。

　NPOは，サービス利用者や受益者から対価を得られるとは限りません。たとえば動物愛護NPOが絶滅危険にある動物の保護活動に取り組むとき，その動物から対価を得ることはできないのです。別の形で資金調達をすることが必要となります。そのためにも，資金源のポートフォリオを作ることが，資金源に関するリスクに取り組む第一歩となります。会費や対価収入などの自己財源の割合を大きくすることは，事業型NPOでないと難しい面もあり，どうしても助成金や政府からの補助金などに頼りがちになり，広くNPOが資金獲得できる機会は限られているのも現状です。以前よりは増えてきましたが，NPO向けの融資もまだそれほど多くありません。

　運営資金のリスクをまとめると次頁のようになります。

「運営資金」に関するリスク
・運営資金確保の安定性の欠如 ・収入と支出（キャッシュフロー）のミスマッチ ・売掛金，会費などの未回収 ・金利の変動 ・為替の変動 ・株価・有価証券価格の変動 ・地価・不動産価格の変動 ・銀行などの貸し出し中止 ・スタッフによる流用
リスクが顕在化したときの影響
・資金面によるNPO存続危機の発生 ・第三者に対する損害賠償の発生 ・スタッフ・ボランティアの意欲の喪失 ・NPO法人の信用の失墜
リスクへの対処法
・資金計画（キャッシュフロー予測・資産負債管理）の策定 ・価格変動リスクを持つ資産の減少 ・価格変動リスクに対するヘッジ ・取引先に対する信頼性のチェック ・複数の金融機関との取引 ・非常時資金の確保 ・専門家（税理士・会計士）による点検・アドバイス

5．情報に関するリスクマネジメント

(1) 情報管理

　個人情報や内部資料など，多くの情報をNPOは持ち合わせています。しかし，これらの情報を管理するのは，NPOにとっては難しいことです。なぜなら，情報が散在して存在することが多く，またセンシティブ情報も多いので，情報の漏洩や紛失などの可能性が高く，またもし紛失や漏洩が起これば大変なことになるからです。

　人の出入りの多さや，関わる人が自宅など事務所の外で作業をしたり，事

務所内でも私物のコンピュータなどを持ち込んで作業することが多いという事情があるからです。加えて，法人化していても事務所が代表あるいは主要メンバーの自宅で，重要な情報もその自宅にあったり，スタッフやボランティアがそれぞれの自宅で業務をするために情報データがあちこちに散在していることも多くあります。

　そして，会員や協力者，寄付者，サービス利用者やイベント参加者などの個人情報の中には銀行口座や寄付金額，医療・福祉NPOなら利用者の病歴や服用している薬や介護サービスの利用歴，DV被害者支援NPOなら被害者の情報など，個人情報の中でもセンシティブ情報を有していることが多いのです。たとえ個人情報保護法を遵守する義務を負う個人情報取扱事業者ではなくても，社会の課題解決や支援活動を通じてより良い社会を築くことを使命とするNPOが，社会的な信用を損なうような情報の漏洩や紛失等に鈍感であってはなりません。

- まずは，情報を洗い出します。紙，パソコンのハードディスク，電子記憶媒体など，どのような形で，どこに情報があるかを洗い出す
- 個人情報保護法について勉強会を開いたり，外部の研修・セミナーにスタッフが参加する
- 管理方法を確認します。本来アクセス権を持つ人以外がアクセスできるようになっていれば，改善する
- 廃棄方法を確認します。特にスタッフやボランティアが自宅のパソコンや携帯にデータを持っている場合，辞めるときには消去してもらう
- 個人情報を含む電子データをコンピュータの画面上で開くとき，入り口に背を向けた（＝訪問者から見えやすい）位置のコンピュータは選ばない

　情報管理に関するリスクをまとめると次頁のようになります。

「情報管理」に関するリスク
・事故や災害によるデータの消失・破損 ・ミス・誤作動によるデータの消失・破損・改ざん・漏洩 ・コンピューターウイルス感染によるデータの消失・破損・改ざん・漏洩 ・データの盗用・盗難（車上荒らしを含む） ・スタッフ等内部関係者によるデータの盗用・漏洩 ・個人情報保護法違反
リスクが顕在化したときの影響
・情報消失によるNPO存続危機の発生 ・復旧までの人的労力・経済的損失の発生 ・情報の悪用などによる第三者に対する損害賠償の発生 ・NPO法人の信用の失墜 ・法令違反による処罰
リスクへの対処法
・バックアップ体制の構築 ・重要情報は金庫または施錠場所での保管 ・コンピューターウイルス対策・パスワードの設定 ・重要情報の管理は特定の者に限る ・情報取扱規則（個人情報取扱規則を含む）・ルールの作成 ・データの廃棄方法の留意 ・保険（コンピューター保険）への加入

(2) マスコミ対応

　自分たちの存在や活動，そして活動の動機となっている社会の課題について，人々に広く知ってもらうために，NPOの中には普段からマスコミに活動を取り挙げてもらうよう努力しているところも少なくありません。しかし，その一方で，取材されたは良いが，異なる趣旨や誤解を招きそうな形で発言が引用されたり，事実を誤って掲載されることもあります。また，NPOが何かの事件やトラブルに関わった，あるいはその疑いがあるときにマスコミに「追われる」こともあります。

　したがって，マスコミ対応では，平時と緊急時の対応を検討する必要があります。

　マスコミに関するリスクをまとめると次頁のようになります。

「マスコミ対応」に関するリスク
・マスコミによる誤報道・批判的な報道 ・インターネットによる批判行動 ・取材における発言・コメントの真意とは異なる報道 ・公表したくない情報のマスコミからの漏洩
リスクが顕在化したときの影響
・NPO法人の信用の失墜 ・報道の訂正・信用回復にかかる人的労力・経済的損失の発生
リスクへの対処法
・取材内容・取材の使われ方の事前確認 ・取材等における誤解を引き起こさない発言 ・可能な限り，報道内容・記事原稿の事前確認 ・普段からのマスコミとの良好な関係の構築 ・マスコミ対応担当者の設置 ・マスコミ対応規則・ルールの作成

6．コンプライアンスに関するリスクマネジメント

　コンプライアンスというと，企業のリスクマネジメントやCSR（企業の社会的責任）の話のような気がしますが，NPOももちろん無縁ではありません。
　10年ほど前までは，NPOがそれほど認識されていなかったこともあり「業界」からはあまり意識されていなかったようです。いくつかの分野で法律違反だと産業界から指摘をされるケースが増えてきました。たとえば海外へのスタディツアーなど，国際協力・国際交流を海外で実施しているNPOの主催で，寄付者や会員，学生向けに，海外での活動を現場で見せたり，現地の人々との交流を図ったりしていました。旅行業法上，それはできないとされてNPOは旅行業法の勉強をしたり，スタディツアーはどのようにしたら実施できるのか検討したりしました。[4)] 介護タクシーは道路運送法に違反すると言われたこともありました。
　個人情報の保護に関する法律（通称「個人情報保護法」）の下では，事業に利用しているデータベース化された個人情報を5,000を超えて有していれば，個人情報取扱事業者として法律を守る義務を負います。

他にも，たとえば自分の組織の報告書やチラシなどに他の組織や個人が書いたり言ったりしたことを掲載するときに，引用元を明記しないことは著作権法に違反しますので注意が必要です。

7．保険

(1) 保険の概要

NPOやボランティア活動において，事故によってボランティアやイベント参加者などがけがをしたり，第三者の物を壊したりしたときのために，いくつかの保険商品が開発されています。

ボランティア活動保険は，もともと子ども会で子どもが水死した事件で引率した役員が子どもの遺族から損害賠償を求めて訴えられたことをうけて，開発されました。4月1日～3月31日を保険期間として，社会福祉協議会などを通じて加入します。

NPOが多く加入する保険には，たとえば以下のようなものがあります。社会福祉協議会が提供する保険も多くあり，地域によって補償内容が異なることもありますが，ここでは参考として東京都社会福祉協議会の例を紹介します。

● ボランティア活動保険

多くの場合，地域の社会福祉協議会を通じてボランティア個人にかける保険で，傷害保険と賠償責任保険に分かれます。いくつかのタイプや天災オプションなどがありますが，多くの場合500円前後で1年間ボランティア活動が補償されます。

● ボランティア行事保険

キャンプや運動会などの行事で，参加者や引率のボランティアがけがなどをした場合に保険金が支払われます。地域の社会福祉協議会を通じて行事の主催者が加入しますが，不特定多数の人が参加する場合は加入できません（賠

償責任保険のみ加入できる可能性あり)。

●在宅福祉サービス総合保険
　在宅福祉サービス従事者本人がけがをした場合や,サービス利用者などの身体や財物に与えた損害への賠償責任が団体・事業者にある場合などに支払われる傷害保険と賠償責任保険がセットになった保険。任意加入契約に,「サービス従事者感染症補償」などがあります。

●送迎サービス補償
　送迎サービスの利用者と,送迎自動車の搭乗者を被保険者とする保険です。大きく分けて,利用者名簿の提出が不要な「利用者特定方式」(Aプラン)と,送迎サービスに利用する自動車の登録番号及び乗車定員数のみ申告して加入できる「自動車特定方式」(Bプラン)があり,どちらも送迎サービス実施者の責任の有無と関係なく補償されます。

　他にも,介護事業者総合保険,ファミリーサポート保険,海外ボランティア保険,森林ボランティア保険,スポーツ安全保険などもあります。NPO推進ネットは,会員のために「非営利活動団体特約付賠償責任保険」と「非営利活動団体傷害保険」を提供しています。これは,毎年10月1日～9月30日までの1年間を加入期間とする保険です(途中加入可)。社会福祉協議会が加入する「社協の保険」や社会福祉協議会を通じて加入する「個人情報漏えい保険」などもあります。

　また,自治体の中には,自治体内に事務所を持つNPOのボランティア,あるいは自治体内でボランティア活動をする住民などを対象に,事前加入を必要としない市民活動保険(名称は自治体によって異なります)もあります。これは,自治体が保険への加入料も負担します。活動中にけが人が出た場合などに,普段のボランティア活動や事故の状況によって自治体が保険金を支払うか判断します。

(2) 各種保険加入における留意点

　保険は，補償内容や保険料などが変更になる可能性がありますので，加入の前に調べることが大切です。また社会福祉協議会等を通さなくても，保険代理店等を通じて保険は加入できます。よく調べることをお勧めします。
　また，「有償ボランティア」は，受け取る金額によってはボランティア活動保険で定義する「ボランティア」にはあてはまらず，加入していても補償されないことがありますので，注意が必要です。
　ここで注意してほしいことは，保険に上手に加入するには保険会社や保険商品よりも良い保険代理店を選ぶことの方が重要であるということです。確かに保険会社によって商品やサービスの内容は異なりますが，各社の保険機能そのものにそんなに差異があるわけではありません。また，確かにNPO活動は様々ですが，企業活動ほど特殊で専門的な技術対応があるわけではありません。いわば保険会社が通常に販売しているベーシックな保険で取りあえずは十分なのです。重要なことは，実際の保険の加入時におけるリスクの洗い出しや加入すべき保険のアドバイス，及び，事故処理時におけるサポートなのです。その重要な役割を担っているのが保険代理店（生命保険における販売員）なのです。また，大型の専門代理店であれば複数の保険会社を取り扱っているので商品比較などもしてくれるはずです。但し，保険会社及び代理店は保険金詐欺などのモラルリスクを避けるために，飛び込み客を歓迎しないケースがあります。よって，会員などの紹介を通じて信用がおける代理店を選ぶことが大切です。
　次に，保険はあくまで「経済的損失」だけを補填するものであることに留意してください。実際に事故が起きた場合，事故処理は保険会社が対応してくれますが，NPO活動に大きな支障をきたす「こころ」のダメージは保険では決して補填されるものではありません。NPO活動は経済的利益を第一義的な目的としていないだけに，この精神的なダメージは大きな意味を持ちます。たとえ保険に入っていようと，それで安心することなく，事故を起こさない最善の努力をすることが最も大切です。

8．事業別リスクマネジメントの特徴

(1) 社会福祉サービスのリスクマネジメント

　医療・保健・福祉の分野におけるサービス提供は，人の命に関わり，また訴訟や賠償請求にも直結する分野でもあり，リスクマネジメントはかなり確立されてきています。

　日ごろの活動の中での事故やヒヤリハット事例などの検討だけでなく，危険予知訓練（KYT）[5]としてリスク意識を高めるようなワークや研修は大切です。

　この分野のNPOにとって，前出の『福祉施設におけるリスク・マネジャーの実践』のリスク例7[6]（P24図表2－1参照）でも触れていたように，少子高齢化の問題は，利用者とサービスの担い手のバランスを崩す要因です。特に介護保険事業者にとって，大手企業と地域でケアの質で競争しなければなりません。それは利用者のみならず，地域での介護サービスの担い手の確保に大きく影響します。地域にねざす存在としてどのような信頼関係を利用者とその家族，そして地域と築けるかが，組織存続と良質のサービスを提供するためのリスクマネジメントです。

(2) ドメスティック・バイオレンス（DV）シェルターのリスクマネジメント

　DVや人身売買の被害者の場合は，加害者に場所を特定されることや，加害者に被害者のみならず支援スタッフが新たに加害を受けること，また支援スタッフが二次被害に遭うことなどが，リスクとして考えられます。

〈リスクの特徴と対応法〉
- 入居者や元入居者からシェルターの場所が特定されるような情報を周囲にはもらさないように徹底させる
- 最寄りの公共交通機関から施設との行き来のルートや時間を変える
- 施設から銀行や商店など地域での所用をすます場所に行く時間や，可能なら担当者を固定しないようにする

- マスコミや地域の広報誌・情報誌で取り上げられる際に、スタッフを含む人物や場所が特定できる表現や写真が掲載されないよう事前に確認させてもらう
- スタッフやボランティアのバーンアウトを防ぐために、リフレッシュ期間をもうける

などの方法を考えてみましょう。最後のリフレッシュ期間をもうけることが難しいというのは、どの分野でも共通しているとは思いますが、そのためにもボランティアに活躍してもらう方法を考えてみてください。

(3) 国際協力団体のリスクマネジメント

国際協力団体のリスクマネジメントについては、特定非営利活動法人　国際協力NPOセンター（JANIC）が研修を実施するなど、すでにリスクマネジメントについては手法の確立が始まっています。

一言に国際協力と言っても、平時の国際交流も含む国際協力活動や、戦争や紛争、災害時など緊急時の支援活動など様々です。緊急事態にすぐに派遣される医師や看護師やボランティアもあれば、復興支援もあります。また、日本国内で増えてきている外国人住民の日本での生活を支援するためのNPOもあります。

〈リスクの特徴と対応法〉
- 精神面・肉体面でのケア
- 現地のカウンターパートや地域住民、行政職員等との信頼関係の醸成
- 現地のスタッフとの文化の違いや、日本の本部との普段の「顔の見えない関係」などからくるコミュニケーションの齟齬
- 現地の政治や宗教、権力などの争いにまきこまれる
- 寄付が適切に活用されていない

すでに国際協力の分野で活躍するNPOでは、現地で活動するJICAや国連機関、海外の有力NPOなどとの情報交換をしながら現地の紛争や戦争の時の

撤退時期を決断したり，普段からも情報交換の場をもっています。

　日本から寄付などによる支援物資を現地事務所やカウンターパートへ送っても，それを不正に使用する可能性があります。相手を信用していると伝えることも大事ですが，監査体制を強化して現地に代表や事務局長，会計責任者，マネージャークラスのスタッフが定期的に訪問し，適正に使われている確認してみましょう。適正に使われているとわかったら，寄付者や助成金給付者等にそのように胸をはって報告できます。

　最近では，JANICが危機管理研修に加え，アカウンタビリティ達成基準を策定し，基準に照らした評価に関してセミナーを開催したりしています。

(4)　**野外活動におけるリスクマネジメント**

　NPOの野外活動は益々盛んになってきています。自然の中で行われるレクリエーションや環境保全活動，各種スポーツ活動，市街地においても史跡を訪ねる文化活動やフィールド調査など多岐多様です。

　野外活動で自然に触れ，汗を流すことは，楽しく，仲間を増やし，良い思い出も作ることになります。また，野外教育としての意義も深いものです。

　しかし，野外活動は①自然災害のリスク，②活動場所（森林・海・川など）のリスク，③作業のリスクを伴っています。また，事故に至らなくても，暑さや寒さ，無理な活動など，活動中に参加者が体調不良を訴えることも多く，活動には十分気をつけたいものです。

〈リスクの特徴と対応法〉
- 自然災害に伴うもの（落雷・高波・雪崩など）
- 活動場所の危険に伴うもの（森林・海・川など）
- 作業に伴うもの（木の伐採，下草刈など）
- 参加者による利用施設・器具の毀損
- 移動中の事故
- 活動場所の安全性，気象状況，避難場所の確保などの事前調査
- 野外活動指導者の十分な確保と研修（安全研修・救急法など）の実施
- 活動の参加者レベル・活動時の天候などを配慮した活動計画・作業計画の

策定（危険予知・危険対策・作業手順）
- 活動参加者（未成年者は親を含む）への危険に対する事前説明，参加者の責任の確認
- 緊急時の連絡先（消防・病院・参加者の家族）の整理
- 保険（レクリエーション保険・ボランティア保険など）への加入

注
1) このあたりの議論については，有住淑子「ボランティア活動と法的責任」（『予防時報』221号，社団法人日本損害保険協会刊，2005年4月）などが参考になる。
2) たとえば特定非営利活動法人シーズ＝市民活動を支える制度をつくる会のサイト http://www.npoweb.jp/faq/faq_info.php?faq_id=48&categ_id=11 を参照。
3) http://www.npoweb.jp/faq/faq_info.php?faq_id=36&categ_id=8 （特定非営利活動法人シーズ＝市民活動を支える制度をつくる会ホームページ。2007年4月11日アクセス）
4) たとえばスタディツアー研究会（STAR研）が発行した『スタディツアーの危機管理報告書』（2002年），『スタディツアー安全管理ハンドブック』（2003年）などを参照。
5) たとえば，古沢章良『福祉施設における危険予知訓練（KYT）かんたんガイド』（筒井書房，2004年）などを参照。
6) 全国社会福祉施設経営者協議会編『福祉施設におけるリスク・マネジャーの実践』全国社会福祉協議会，2005年，p.10。

第5章
NPOのリスクマネジメントの将来

1. 海外における先進的NPOリスクマネジメント

　NPOのリスク・マネジメントは，アメリカでの取り組みが進んでいます。厳密には，「NPO向けのリスク・マネジメント支援と，一部のNPOにおけるリスク・マネジメントが進んでいる」と，いうべきかも知れません。アメリカでのNPOへの運営支援は1960年代から盛んになりましたが，NPOでのリスクマネジメントの取り組みは，この15年～20年間のことで，大きな動きは1990年に首都ワシントンDCでNonprofit Risk Management Centerが設立されたことです。

　Nonprofit Risk Management Centerは，NPOのリスク・マネジメント支援に特化した中間支援組織（MSO）です。

　このセンターはもともと，アメリカ国内の様々な地域におけるNPOの中間支援組織の全国組織であるNational Council of Nonprofit Associations（NCNA）の1プロジェクトとしてスタートしました。Nonprofit Risk Management CenterではNPO向けの保険の販売や斡旋はしていませんが，以下の活動をしています。

- NPOが加入している保険がそのNPOのリスクを適切に補償する内容になっているか専門家がチェックして適切な保険やプランを助言
- リスクマネジメントに関する様々な講演やセミナーの開催

- 電話やメールでの無料相談
- 全米各地での有料の個別相談
- インターネットを通じたNPO向けのリスクマネジメントに関する情報提供や教育活動
- 調査事業
- 出版物やCDなどの製作事業

　アメリカでもNPOにはリスクマネジメントが必要なのはわかっていても、体系だてて包括的に取り組めるのは比較的大手の全米レベルで活動するNPOであることが多いこともあり、NPOの事務局長やボランティア・マネージャーなどに就任したスタッフは手さぐり状態のこともよくあることです。Nonprofit Risk Management Centerは地域のNPOセンターとも提携関係にあるので、これらのセンターと共催で地域でセミナーを開催することもあります。

＜アメリカにおけるNPOが利用する多様な保険商品＞

　アメリカでは、NPOが加入できる保険商品が多くあり、企業と同じように保険代理店や保険仲介人や、地域のNPOセンターなどを通じて加入します。日本のような社会保障制度がないために、スタッフ向けの健康保険や年金もNPOが加入することがよくあり、どのような健康保険や年金のプランが用意されているかは、スタッフが転職する際の検討事項の1つとなっています。

　NPOやスタッフ、ボランティアに関する主な保険を、少し例を挙げて説明します。

● Commercial General Liability（CGL）「企業総合賠償責任保険」
　NPOが加入する一般的な総合的な保険です。NPOの運営や活動に起因する傷害や財産の損失に対する賠償請求など（例：敷地内での転倒、NPOが作った食事や製品による食中毒やけが、個人の中傷や誤認逮捕、広報における著作権侵害や誤内容に対しての請求や弁護費用、被保険者の過失による損失）、

保険の適用範囲をボランティアや資金提供者，家主などに拡大しても良いものもあります。

　幅広く補償するのがCGLの特徴ですが，責任者の意思決定が誤っていたとして理事を訴える訴訟や，不当雇用行為に対する訴訟などは，CGLの補償範囲外で，次の役員賠償責任保険（D&O）で対応することになります。

● Directors' and Officers' Liability（D&O）「役員賠償責任保険」
　理事の業務上過失に起因する対外的な金銭的損失の賠償請求に対応します。組織や組織のD&O（保険商品の中には職員やボランティアを含むものもある）による不作為など不法行為や（多くの場合）不当解雇や差別など雇用に関連した行為に起因する雇用慣行への賠償責任が生じた場合に適用され，また目的が明確な寄付が通常の管理費用にあてられたりする，寄付の不適切な分配などに関する過失や会報や出版物の内容の誤りなどにも適用されます。

● Automobile Insurance（Business Auto Policy）「自動車保険」
　CGLには車輌補償は含まれないことが多いので，NPOが独自に自動車を所有していたり，長期的にリースで利用したりしている場合に加入します。

● Professional Liability（PL）/Errors & Omissions（E&O）「専門職業賠償責任保険」
　専門的なサービス提供者の，過失や怠慢による損失を賠償する保険。CGLの多くが，この部分を含んでいないことが多いので，別途加入する必要があります。医療，法律，カウンセリングなどの行為を行うことに起因する損害賠償請求に対応します。カウンセラーや医師，看護師，セラピストやソーシャル・ワーカーなどによる専門行為のほとんどがCGLの適用外なので，この保険に入る必要がある。訴訟費用や示談金などが支払われます。

● Umbrella or Excess Insurance「総合保険」あるいは「超過損害保険」
　CGLなどでカバーできないあるいはカバーできる限度を超えた賠償責任を補償する保険。

● Fidelity Bonds――Employee Dishonesty Bond 「身元信用保険」
　職員による盗難や横領により生じた，金銭や有価証券などの実際の損害額に適用されます。

● Special Events Policy 「特別行事保険」
　資金集めのためのパーティや広報イベントなどはＣＧＬでは損害がカバーできない可能性があるので，その時に備えて加入する保険です。

● Accident and Injury Coverage 「ボランティア事故保険」
　ボランティア活動中にボランティアが被ったけがの補償に対する治療費を担保します。ボランティアが労災保険や雇用者責任保険に含まれていなければ，これでけがなどによる治療費や事故のために必要となった眼科・歯科治療費，理学療法の費用などが補償されます。ただし，ボランティア個人の医療保険や自動車保険などが適用された後の個人負担分を補うもので，支払いの上限はまちまちですが，ボランティア１人当たり1,000ドルから２万5,000ドルになるものもあります。活動中の「参加者」も含まれることがある。

　他にもNPOが加入する保険の例を，**図表５－１**に紹介します。

保険の加入ルート
　保険商品の募集は，企業や個人にも損害保険や生命保険を提供する保険会社の代理店（人）や仲介人によって行われることが多いのですが，NPOがNPO向けの保険への加入を募集することもあります。地域レベルでNPOのリスクマネジメント支援団体が保険を募集することもあります。また，Nonprofits' Insurance Alliance of California（NIAC）はもともとカリフォルニア州でNPO向けの保険を提供していたNPOですが，現在は全米にその活動範囲を広げています。

図表5－1　NPOが加入する保険例

- Business Income Insurance　「所得保証保険」
- Employers' Liability Policy　「雇用者責任保険」
- Improper Sexual Conduct/Sexual Abuse　「性犯罪保険」
- Employment Practices Liability (EPLI)　「雇用慣行賠償責任保険」
- Volunteer Liability Insurance　「ボランティア賠償責任保険」
- General Property Coverage (including property of others)「対物賠償責任保険」
- Crime Coverage (employee dishonesty, fidelity bonds)　「犯罪保険 (身元信用保険)」など
- Equipment Insurance -- boiler and machinery (heating, air conditioning, and ventilating equipment)　「設備保険」など
- Computer Equipment and Software　「コンピュータ機器保険」
- Coverage for Borrowed or Leased Equipment　「受託物賠償保険」
- Valuable/Movable Equipment　「貴重品/動産保険」
- Weather Insurance　「天候保険」

参考文献

- Peggy M. Jackson, Leslie T. White and Melanie L. Herman. *Mission Accomplished: A Practical Guide to Risk Management for Nonprofits, 2nd Edition.* Washington, DC: Nonprofit Risk Management Center, 1999.
- Pamela J. Rypkema, J.D., CPCU. *Nonprofits' Essential Handbook on Insurance.* Washington, DC: Nonprofit Risk Management Center, 1996.
- Charles Tremper and George Babcock. *The Nonprofit Board's Role in Risk Management: More Than Buying Insurance* (NCNB Government Series Booklet 5). Washington, DC: National Center for Nonprofit Boards, 1990.
- Leslie T. White, John Patterson and Melanie Herman. *More Than a Matter of Trust: Managing the Risks of Mentoring.* Washington, DC: Nonprofit Risk Management Center, 1998.
- What constitutes a basic insurance package for a nonprofit organization? (http://nonprofit.about.com/gi/dynamic/offsite.htm?site=http://www.allianceonline.org/faqs/ rmfaq7.html)
- Nonprofits' Insurance Alliance of California (NIAC) のウェブサイト (http://www1.niac.org/)

ボランティア／スタッフ採用時のスクリーニングなど

　特に子どもや高齢者，障がい者，ドメスティック・バイオレンスの被害を受けた女性などに対して，NPOのスタッフの接し方によっては，支援すべき

人たちを心理的・肉体的に傷つけてしまう恐れがあるかもしれません
　「支援するためのNPOにやってきた人たちが加害行為をするはずがない」と思いがちですが，アメリカでは，子どもに対して性的暴行を加えたくて子どもとキャンプに行く活動をするNPOのボランティアになる人もいます。加害の意図や意識がなくても，高齢者の自立生活支援をするヘルパーが高齢者に暴行することもあります。
　加害行為の前歴や傾向がある人物がNPOスタッフやボランティアとして入ってきて加害行為に及べば，NPO側は管理責任を社会的・法的に問われるだけではなく，支援し，よりそい，またサービスを提供すべき相手を傷つけてしまいます。
　そこで，多くのNPOでは，支援対象者と直接接する立場のスタッフやボランティアを採用する際に限り，何らかの形で審査を実施することが多くあります。
　審査の方法の1つは，「綿密な面接」で，面接の際などに加害傾向が応募者に潜んでいないか見つけようと，様々な角度から似たような質問をちりばめながら多くの質問をします。たとえば，子どもと放課後や休日に遊ぶプログラムのボランティアであれば，

　「子どもについてどう思いますか」
　「あなたにとって子どもはどういう存在ですか」
　「○○という状況になりました。あなたはどうしますか」

などの質問をします。少しずつ表現を変えて質問したときに，希望者からの答えが統一性に欠けることがあります。もし悪意をもって応募してきた人の場合，同じような質問に対する答えに矛盾があれば，採用は黄色か赤信号です。
　また，バックグラウンドチェックとよばれる，身元調査があります。子どもと接する活動であれば，自分の子どもを含む子どもへの暴行で逮捕・有罪になったことはないかを確認する調査です。調査の方法はいくつかあり，たとえば，子どもへの暴行で服役した経験のある人たちのリストがインターネット上などに公開されている自治体に住んでいれば，NPOは自分でインターネットなどで調べられます。自治体によっては，氏名のみならず，顔写真や

住所なども公表しています。これはNPO向けではなくて，地域での犯罪防止や住民が自分たちを守るための情報として提供されていることが多いのですが，日本でも子どもへの犯罪行為が増えるにつれて注目されています。

　もう1つは，警察に直接，あるいは信用調査機関を通じて問い合わせるという方法もあります。ただし，これは時間がかかる（たとえば6週間など）うえに無料ではないことも多いので，必ずしも気軽に利用にできるNPOが多いとは限りません。なお，このような身上調査は，あくまでもサービス利用者と直接接するスタッフやボランティアに対してのみ実施することができます。もし経理スタッフなど，直接は子どもたちなどと接しない人に対しても実施すれば，人権侵害として訴えられるかもしれません。

　様々なケースを検討してみましたが，リスクマネジメントは，最終的には「誰のための活動なのか？」「誰の方を向いて活動しているのか？」を常に意識し，確認しながら自分たちのあり方を問い続けるものです。たとえ「良いこと」を自分たちがしていると思っていても，1回の事故やトラブルで自分たちの想いや築き上げてきたものが台無しになることがあります。こんなもったいないことはありません。また，「良いことをしています」といってもNPOの数が増えてくるにつれて，「どのように社会的な成果をあげているのか」を問われた上で，協働のパートナーや委託先，助成金の交付先などを検討する企業や政府機関，財団などから「本当にこのNPOでいい」と選ばれるためにはリスクマネジメントによって「万が一」のことに備えていることをアピールできることも必要です。

　リスクマネジメントに実際に取り組んでみると，中には「いろいろ怖くなってきた」という人もいますが，「これってこのままでいいのかな？」と疑問に思うことを組織内で話し合い，情報や意識を共有し，合意形成を図るようになってきたという人もいます。改善できた点が見えて面白みが出てきたという人もいます。リスクマネジメントで，組織の弱みを強みに変え，「良いことはうまくやる」ことは「良いことをしている」より楽しくやりがいもあると知り，そして社会のためになることを感じてもらえたら幸いです。

2. 企業に学ぶリスクマネジメントの成功例

　組織のリスクマネジメントが成功している状態を簡単にいえば，マイナス・リスクがもたらすロスの管理と，プラス・リスク言い換えればチャンスのマネジメントがバランスよく行われ，組織目標の達成にRMが貢献している状態をいいます。特定の要因でもってこうした状態を作り上げることはできず，多様な要因を総合的に理解し，適切に実行してはじめてでき上がるものといえます。本節では，これまで述べてきたことのまとめとその事例を紹介する視点から，RMを成功させるために，どういう要因の理解が必要で，それらがどういう形で用いられたかについて検討します。

　図表5-2を参考にしながら説明を加えます。

図表5-2　リスク最適化の成功例＝企業のリスクマネジメントの成功例

RMからみた成功の鍵	事例
1．RMプロセスの最初に組織の「状況の確定」分析ありき	・英国プロサッカークラブは，企業価値を向上させるリスクが何かの発見プロセスを，クラブの使命，目標，利害関係者が誰かの分析から始めている。
2．企業目標，RM方針他についての組織構成員の理解と共有（上記1とも関係）	・ボーダフォン：成功するRMづくりの最初に「リスクは自分には関係ないというリスク軽視の風土」を変えるため，企業目標，RM方針，責任を明確にし，リスクが組織全員に関わっているという組織文化創りから始めた。
3．企業理念の社員への浸透（上記1，2と関係）	・J&J（ジョンソンアンドジョンソン社）の危機：企業の具体的な経営理念が迅速な商品回収に結びつき，損失の早期回復に。
4．最適なリスク文化*，企業文化が好業績を生む	・Kotter, Hesket の11年間の調査結果。 ・河野，クレグによる47社の日本企業の調査結果。
5．組織経営の透明性，リスク，チャンス情報の積極的開示が価値向上に	・東証一部上場企業対象，2002年～2005年の調査：「株主他とのコミュニケーション，経営の透明性」が企業価値と強い相関関係あり。
6．世のため，人のためという自発性の企業文化が持続的な優秀企業を生む1要因	・新原の15年間の調査結果。他の要因に，「わからないことはやらない，捨てる勇気」，「自分の頭で考える」，「客観的にみることができ，不合理な点を見つけられる」，「リスクを直視できる」。

＊リスク文化とは，損失やチャンスに関わる意思決定を下す際，組織構成員の判断の拠りどころとなる組織内の非公式な行動規範，価値観をいう。

(1) リスクマネジメントを効果的に行うのに必要な要因の理解

①RM活動をプロセスとして捉える（プロセス化）→**図表5－2の1に該当**

　リスクマネジメントが組織価値向上に結びつくようにするには，リスク対応が事後的であってはならず，組織の目標の明確化，潜在的リスクやチャンスの可能性の発見，分析，処理などの面で先を見越した行動を継続していく必要があります。そのためには企業に関わるリスク，その処理の方法他が誰にでもわかるRMプロセスを策定し，文書化することが重要です（RMプロセスについては，第3章第3節参照）。

②RMプロセスを「組織の状況の確定」（組織のビジョン，ミッション，RMの目標，戦略状況ほかの理解）から始める→**図表5－2の1に該当**

　多くの組織はRMをリスクの発見から始めますが，RMの目標は組織目標を阻害するリスクと，組織目標を促進してくれるチャンスのマネジメントですから，まず組織目標に関する諸分析が先決です。組織が置かれている「リスク状況の確定」すなわち，自社の強み，弱み，利害関係者の分析，到達目標，責任の明確化などを最初に策定することから始めるべきです。

　英国プロサッカークラブは，企業価値を向上させるリスクが何かの発見プロセスを，クラブの使命の同意，目標の設定（具体的数値もあげながら），重要な利害関係者が誰で，クラブにどういう期待を抱いているかの分析から始めています（上田和勇『企業価値創造型リスクマネジメント』白桃書房，第4版，2007年参照）。

③リスクに関し組織トップと構成員とが共通の知識や情報を共有し，リスク発生時にトップと同一の方向での判断を個々の構成員自らが容易にできる状態に組織があること→**図表5－2の2に該当**

　組織トップと構成員とが組織目標及び関わるリスクとその管理の仕方などについて，共通の理解をすることが組織価値創造の背景として極めて重要です。組織内にリスク文化があるというのは，リスクに関しトップと構成員とが共通の知識や情報を共有し，リスク発生時にトップと同一の方向での判断

を個々の社員自らが容易にできる状態に企業があるということです（新原浩朗『日本の優秀企業研究』日本経済新聞社，2003年，p.236）。組織内の文化や価値観が戦略の形成，実施，意思決定のスタイル，人材管理等に影響を及ぼすとともに，合理的行動の規範となり，リスクによる損失の最小化に結びつき，チャンスや利益増大に結びつくからです。

　そのためには組織使命，活動方針，RM方針の明確化と責任の明確化などについて，組織全員の理解と共有を行わなければなりません。

　携帯電話会社のボーダフォン社では，成功するRMづくりの最初に，「リスクが自分には関係がないというリスクを軽視する風土」を変えるため，企業目標，RM方針，責任を明確化し，リスクが組織全員に関わっているという組織文化づくりからRMを始めています。

④組織理念の構成員への浸透→図表5－2の3に主に該当

　この点も図表5－2の1と2に関係する事項ですが，企業理念や企業の設立趣意書に示されている経営理念が絵に描いた餅に終わらず，危機発生時の企業行動のあり方に強い影響を与える場合があります。それは普段から，組織の理念や使命が全構成員に浸透し，理解されている場合に生まれます。他の言葉でいえば，組織理念の構成員への浸透により，リスクに対する構成員の行動規範や態度が好ましいレベルに維持され，それが組織の企業文化を強くさせます。リスクに対し強い企業文化は目に見えないものですが，非常に重要なリスクマネジメント策になるものです。

　この点の有名な事例にJohnson&Johnson社のものがあります。1982年，同社の鎮痛剤に毒薬が入れられ7人が死亡するという犯罪に巻き込まれる危機に直面しました。その時の同社の迅速な対応は危機管理のマニュアルから生まれたものではなく，むしろ同社の強い企業文化から生じたものといえます。たとえば企業行動の面では，1億ドルの費用を投じた全製品の回収，完全包装した商品との無料交換他の消費者への責任を第1とする行動を迅速に展開したことなどにより，非常に早いスピードでの業績回復を達成しています（81年の総売上54億ドル，82年58億ドル，6年後の88年80億ドル）。

　当時の社長及び会長の次の言葉が，危機管理行動の重要性のみならず，む

しろ企業のリスク文化及び企業文化の重要性を端的に示しています。「この災難を切り抜けられたのは，危機管理のおかげというよりは社是に具体的に示されている経営理念のおかげである」と（梅澤正『組織文化　経営文化　企業文化』同文舘出版，2003年，p.67）。これこそが，1943年にジョンソンが作った経営哲学「我が信条」であり，ここには第1に消費者への責任をはじめとする企業の社会への5つの責任が示されているとともに，社員にその責任の同意，遵守のサインを求め，経営哲学の組織への浸透を図ったのです。

⑤組織内に最適なRM文化があること

　上の事例は最適な企業文化やリスクに対する構成員の態度や行動規範が企業損失の最小化に結びつき，結果として企業価値の減損を最小化させたものですが，最適な企業文化が企業業績を伸ばすことにつながるという研究成果もあります。

　リスク文化を含む企業文化と企業業績との関係については，やや調査が古いのですが米国のKotter & Heskettは，207社における両要因の関係について11年間（1977年〜1988年）にわたる調査を行い，経営を支える主要な支援者（顧客，株主，従業員他）のすべてを尊重し，またすべてのレベルに属する管理者のリーダーシップの発揮を重視する文化を備えた企業の方が，このような文化的傾向を備えていない企業より業績がはるかに高い点を次のように実証しています。過去11年間で，前者の企業の方が売上，株価，純利益を平均それぞれ682%，901%，756%伸ばしたのに対し，後者はわずか166%，74%，1%であった（J.コッター，J.ヘスケット『企業文化が高業績を生む』ダイヤモンド社，1994年，p.19）。

　最適なリスク文化は一朝一夕にはできませんが，それを作っていくプロセスに企業価値向上の源泉があります。文化とは語源的には「耕作」(cultivation)を意味し，目指すべき企業理念，企業価値の実現に向けた主体的な工夫と努力によって形成できます。そのために組織には何が必要なのかをシンプルにいえば，第1は目指す企業理念，企業価値の明示と表明です。第2は利害関係者間での企業価値（理念）の共有であり，第3は企業へのその体現です（梅澤，前掲書，p.182参照）。この過程で前述したリスク・コミュニケーション

や利害関係者への説明責任の履行が機能してくることになります。

⑥組織経営の透明性，リスク，チャンス情報の積極的開示が価値向上に→図表5－2の5に該当

　営利企業，非営利企業に関わらず，社会を対象に事業が営まれている以上，利害関係者への関連情報の開示と説明は組織価値を決める重要事項になりつつあります。組織経営の透明性の高い企業，組織が関わるロスやチャンス情報の適切な開示が利害関係者の信頼を生み，彼らの人的，経済的，非経済的な投資意欲を高め，ひいては組織価値向上につながることになります。この点は，次に示す東証一部上場企業を対象にした2002年から2005年にわたる調査結果からも明らかになっています。

　日本コーポレート・ガバナンス研究所は2002年から東証一部上場企業を対象に，企業統治（以下，CG）の充実度と企業価値向上との関連について実態調査を毎年実施しています。その方法は，CGの構成要素である①業績目標と経営者の責任体制，②取締役会の機能と構成，③最高経営責任者の経営執行体制，④株主他とのコミュニケーションと透明性の4要因と，企業価値指標である①資産利益率，②株主資本利益率，③株式投資利益率の3要因との相関関係を統計分析したものです（JCG Index調査2005, p.4）。

　2002年から2005年にわたる毎年1回のCG構成要因4要因と企業価値3要因との相関関係に関する分析の結論は，①業績目標と経営者の責任体制，③最高経営責任者の経営執行体制，④株主他とのコミュニケーションと透明性と企業価値との間に相関関係があったが，特に④と業績との間に強い相関関係があるというものです。④は株主はじめステークホルダーとのコミュニケーションなど経営の透明性に関するものであり，明らかに情報開示の充実度が企業価値向上に強い影響を与えていることを示す調査結果です。

⑦世のため，人のためという自発性の企業文化が持続的な優秀企業を生む一要因

　新原は1984年以降の15年間におよぶデータ分析の後，30社を優秀企業として選び，その共通要因を6つ指摘しています。その中の1つに「お金以外の

世のため，人のためという自発性の企業文化を埋め込んでいること」という要因があります。この要因以外の企業価値向上に貢献する要因として，新原は下記の諸要因を挙げています（新原浩朗『日本の優秀企業研究』日本経済新聞社，2003年）。
① 取り組む事業の範囲について「わからないことは分けること」
② トップが論理的で「自分の頭で考えて考え抜くこと」
③ 改革のため，自社を「客観的に眺め不合理な点を見つけられること」
④ 「危機をもって企業のチャンスに転化すること」
⑤ 「身の丈にあった成長を図り，事業リスクを直視すること」
そして，既に引用したように，
⑥ お金以外の「世のため，人のためという自発性の企業文化を埋め込んでいること」

同書を参考にすれば，企業文化とは「個々の社員の判断の拠りどころとなる，企業内の非公式な行動規範，価値観をいい，そうした企業文化を生むには，経営者と社員との目標の同一性要件，社員がある事態に直面したとき，経営者と同じ感性で自発的に容易に判断できる要件が必要である」という（新原，前掲書，pp.234-243）。

こうした6つの要因は優秀な企業の共通要因ということですが，特に①，③，④，⑤はリスクに対し組織がどういう対応をすべきかということと深く関わっています。たとえば，①の取り組む事業の範囲について「わからないことは分けること」はリスクの分離であり，③の改革のため，自社を「客観的に眺め不合理な点を見つけられること」は「潜んでいるリスクをいかに可視化するか」に関わります。④の「危機をもって企業のチャンスに転化すること」は，危機とチャンスがまさに隣り合わせであり，組織は1本の平均台の上でプレーをし，そのプレーが利害関係者の賛同を得なければ危機に瀕し，逆であればチャンスに遭遇することを意味します。したがって常に問題点や危機の種になりうることを常日頃から発見する文化が必要といえます。⑤はリスク負担，リスク受容能力，考えられる損失の評価などに関わります。

また②，⑥は，自分たちの頭で考え抜き，情熱を持って社会への貢献を忘れず愚直に努力することの重要性を教えてくれています。いかなる組織も社

会からの受け入れなしでは存在しえません。社会への還元が新たな成長を生むのです。リスクマネジメントの本質はリスクマネジメント・テクニックの駆使ではなく，組織の提供するサービスが社会問題の解決にどういう寄与をなしうるのかという視点から，こうした6要因のコンセプトを実行していく点にあるといえます。

3．NPOにおける社会的責任とリスクマネジメントを考える

　結論を先に書きます。NPOの社会的責任を考えることは，「NPOの価値向上」と「リスクマネジメント」にとって非常に有効です。

　最近，世界的に，企業の社会的責任[*]（Corporate Social Responsibility, CSR，以下CSR）の論議が盛んになってきています。また，CSRの効果として，「企業価値の向上」と「企業リスクの低減」が挙げられています。

　CSRの論議は企業の存在意義を考えることから始まっています。NPOと企業の違いは「利益追求をその存続条件に持つか否か」の違いであり，ともに本来的に「社会的ニーズを達成して人々を幸せにするために作られた組織」という意味では両者の存在意義は同一です。また，そのCSR論議の活発化の時代背景にはNPO活動の進展をうながす社会的要因と同一のものがあります。よって，CSRと同様にNPOの社会的責任を考えることは，「NPOの価値向上」と「リスクマネジメント」にとって有効です。

(1) 企業の存在意義とNPOの存在意義

　まずは企業の存在意義を考えてみましょう。なぜ企業は作られたかということです。株式会社は「資本主義社会の最大の発明」と言われています。組織の設立目的を継続的に達成するために最もよくできた組織だからです。

　まず，株式を発行します。通常，事業主はその事業から発生した損失に対してはどこまでも責任をもたなければなりません。しかし，株主は支払ったお金を限度とした損失を覚悟することによりその事業のオーナーとなることができます。株を発行する側にとっては有限責任で資金を調達することができます。また，株式ですので第三者に売り渡すことも可能であり，より容易

に資金調達ができます。そして，利益が出たら株主に還元し継続的な資金援助を確保することになります。

企業（株式会社）には法人格があるので永続的に存続します。個人である経営者や従業員が変わっても，事業そのものは存続し社会的にサービスを提供し続けます。

企業が信頼・尊敬されれば優秀な人材が集まってきます。優秀な人材が集まれば企業の存続基盤は益々強化されます。

では，企業における組織の設立目的とは何でしょうか。それは「社会的なニーズの達成」です。このことは企業の業務を考えてみるとわかります。世の中から自動車メーカーや電機メーカーがまったく無くなってしまったらどうなるでしょうか。やはり誰かが自動車メーカーや電機メーカーを起こすことになります。それは世の中が自動車や電気器具を必要としており，それが人々の幸福に欠かせない存在だからです。かつて渋沢栄一は日本中に様々な企業を設立しました。それが社会の発展に貢献すると考えたからです。また，世界で最初の株式会社は1602年の東インド会社と言われていますが，当時，株式会社に「法人格」を与えたのは，それが「社会の発展により貢献する」と考えられたためと言われています。このように，企業はもともと「社会的なニーズの達成」を目的として設立されました。そして，企業が存続するためには利益が必ず必要です。よって，その存続条件として利益追求があるのです。

一方，NPOはどうでしょうか。間違いなく企業と同じ「社会的なニーズの達成」が設立の目的です。また，その存続条件は「社会的利益」です。「社会的利益」とは社会の発展・変革や社会問題の解決に貢献することとなります。企業ほど顕著ではないにせよ，社会的利益を出さないNPOは賛同者がいなくなり最後には存続できなくなってしまいます。企業は「利益が出たら株主に還元する」ことになりますが，NPOは「社会的利益により協力者に満足を還元する」こととなります。

実際，企業とNPOの垣根はどんどん低くなっています。企業への資金提供者としては，社会的責任投資（Social Responsibility Investment, SRI）のように，経済的利益ばかりでなく社会的利益を求める投資家が増えてきています。

社会企業家（ソーシャルアントレプレナー，Social Entrepreneur）と呼ばれる，社会変革を目的として事業を行うものや，事業型NPOと呼ばれる利益追求も目的とするNPOがあらわれています。企業とNPOの協働ばかりでなく，企業が社会貢献のためにNPOを設立し，NPOが事業目的で企業を設立する動きも見られるようになりました。

以下に，企業とNPOの存在意義をまとめておきます。

〈企業とNPOの存在意義〉

	企業	NPO
設立の目的	社会的なニーズの達成 （人々の幸福への貢献）	社会的なニーズの達成 （人々の幸福への貢献）
存続条件	経済的利益 経済的利益＋社会的利益（＝社会企業家） 法人格による永続性	社会的利益 社会的利益＋経済的利益（＝事業型NPO） 法人格による永続性
出資者（協力者）への還元	経済的利益 経済的利益＋社会的利益（＝社会的責任投資）	社会的利益

(2) CSRとNPOの社会的責任

前述のように，一見まったく違う企業とNPOは，ともに「社会的なニーズを達成する」ことを目的に設立されたものであり，本来的な存在意義に大きな差がないといえます。また前述のように両者の存続形態の同一化の動きも活発になってきています。よって，CSRと同様にNPOの社会的責任を考えることは，「NPOの価値向上」と「リスクマネジメント」にとって有効なのです。

① CSRは社会を意識した企業活動

CSRには様々な定義があり，また，内容が漠としてつかみどころがないとも言われますが，「企業はその活動において，単なる利益追求ではなく，社会（マルチステークホルダー*）を意識した行動をとり，社会の健全な発展に寄与すべきである」というのが概ね共通した概念です。また，本業を通した社会貢献も重要とされ，より良い商品・サービスの提供，顧客満足などが重要視

されています。

企業マネジメントにおいては以下が代表的なCSR項目です。
a. 企業理念
b. コーポレートガバナンス
c. コンプライアンス
d. 情報開示
e. リスクマネジメント体制
f. 労働条件
g. 環境配慮
h. 社会貢献活動

② NPOの進展と同一のCSR論議の活発化の背景

CSRは「企業本来の存在意義」を見直すことに他なりませんが，最近，世界的にCSRの論議が活発になっている背景には以下のものがあります。同時にこれらはNPO活動の進展の社会的な背景ともなっています。
a. 行政への失望
b. 企業活動への失望（多発する企業不祥事）
c. 持続可能な社会[*]の実現
　　南北問題
　　環境問題
d. 市民社会の台頭
e. 価値観の変化
　　効率性・競争性から人間性・社会性重視へ
　　先進国における「もの」から「こころ」へ

企業もNPOも同一の時代に生きています。よって，このような流れが，CSRとして企業行動の変化をうながし，市民活動としてNPOの進展をうながしています。

③ 価値向上とリスク低減に効果があるCSR

CSRを行うことによる企業への効果としては主に以下が挙げられます。

a. 無形価値を中心とした企業価値の向上
b. 企業リスクの低減
c. 従業員の幸せ，良い人材の確保

(3) NPOの社会的責任の遂行

　CSRについて述べてきましたが，NPOの社会的責任にはどのようなものがあるのでしょうか。CSRと同様にNPOの社会的責任について決まった定義があるわけではありません。また，筆者の知る限りNPOの社会的責任についてCSRほどの論議はなされていないといえます。数こそ急激に伸びていますが，まだまだ日本においてNPOの社会的な影響力が小さいことが原因です。しかし，今後，NPOの社会における重要性はますます高まっていくことは明白です。

　よって，以下の通り，CSRの論議で問われている項目をNPOの社会的責任の遂行として考えることは極めて重要です。

①理念・ミッション

　NPO活動において最も大切なのは理念・ミッションです。

　NPOは存続し，そのミッションを達成し続けることが，協力者への最大の責任です。

　現在の活動がその理念・ミッションと合致しているかどうかは常に考えなければならないし，仮に，理念・ミッションを変える必要がある場合は，現状に即してすみやかに変更すべきでしょう。

②ガバナンス体制

　組織には強いリーダーが必要です。成功するNPOも同様でありましょう。しかし，NPOは社会的な存在であり過度なリーダーの暴走は防がなくてはいけません。組織の意思決定プロセスがワンマン体制なっていないかどうか，第三者による抑止力があるかどうかも確かめなければならない重要項目です。

　また，NPOは存続し続けることが重要です。リーダーやキーパーソンが欠けても存続する体制になっているか，また，次世代の人材を確保しているか

も考えなければなりません。

③コンプライアンス（法令順守）

コンプライアンスはすべてのマネジメントの基本です。リスクマネジメントにおける重要性はすでに述べたところです。

④情報開示（ディスクロージャー・アカウンタビリティー）

企業と同様にNPOは社会的な存在です。むしろ協力者に経済的な利益を還元しない分，その活動内容を適切に開示することは企業よりも重要となります。

情報開示には2つの意味があります。1つは同一組織の時系列としての記録です。協力者に対して単年度ばかりでなく，複数年にわたっての活動の進展状況を報告します。また，NPOが自らの活動結果を把握し，その後の活動に生かすためにも重要です。もう1つは異なる組織間の比較です。NPOの数は依然として増え続けており，今後ますますNPO間の競争は激化すると考えられます。NPOに対する評価活動もますます盛んになるでしょう。自分たちの活動状況をアピールし，より多くの協力者を得るには情報開示の充実は欠かせません。

また，情報開示では，活動にとってマイナスと考えられる「ネガティブ情報」の開示は重要です。ネガティブ情報を把握しその対策を考えることは有効なリスクマネジメントとなります。

⑤リスクマネジメント体制

本書のテーマです。CSRでの論議をみるまでもなく，NPOにおいてはリスクマネジメントがNPOの社会的責任を遂行することです。そして，社会的責任の遂行がNPO活動のリスクを低下させます。リスクマネジメントと社会的責任は表裏一体です。

⑥労働条件

「人はパンのみにて生くるにあらず」はNPOで働く人々の心意気であると

思います。筆者はお金のために働くことを「潔し」としないNPOの方々から大きな感動を何度もいただきました。一方,「衣食足りて礼節を知る」という言葉も真実です。筆者の持論は「人を幸せにするためにはまず自分が幸せでなければならない」です。NPOは人を幸せにするための組織です。そこで働く人々が不幸せであってはいけません。その意味において労働条件は重要です。

⑦環境配慮

環境問題・社会問題の解決はむしろNPO活動の主流をなすテーマです。グリーン調達,省エネ・省資源の活動,廃棄物の処理など気をつけたいものです。

⑧社会貢献活動

NPO活動そのものが社会貢献を目的としています。その意味においては存在が社会貢献ともいえます。しかし,活動分野全般にわたって社会的な配慮が必要なことはいうまでもありません。

リスクマネジメントのための
ワークシート

◆作業にあたって◆

- リスクマネジメントは決して難しいものではありません。このワークシートを使って，まずは気軽にリスクマネジメントをしてみてください。「リスク・カード」を作成するだけで基礎的なリスクマネジメントができるようになっています。
- リスクマネジメントではなるたけ多くのスタッフが意識を共有することが大切です。定例ミーティングの一部として少しずつ行うなど，やりやすい方法を工夫してみてください。
- リスクに対する対策は重要ですが，まずはスタッフがリスクを認識するだけでも大きなリスクマネジメントになります。
- リスクは日々変化しています。このワークシートを使って定期的に見直しを行ってみてください。

◆（作業1）団体の目的の確認◆

- あなたが所属する団体（NPO）の目的（理念・ミッション）は何ですか？皆で話し合って明確にしてください。
- 団体の目的の達成を阻害する事由が発生することが「リスク」です。
- 皆さんが活動をしていて感じるやりがいや喜びも合わせて話し合ってみてください。それを阻害することも「リスク」です。

〈団体の活動目的〉

〈活動のやりがい・喜び〉

◆ (作業２) リスクの洗い出し◆

- 順序立てでもブレーンストーミングでも，やりやすい方法でリスクを洗い出してください。
- リスクの洗い出しに際しては，本書第４章「NPOのリスクマネジメントの実際」(pp.56-85) にリスクやその影響についての具体例がありますのでそれを参考にしてください。
- リスクの洗い出し作業には，pp.111-112にある「リスク・カード」をコピーして使ってもいいですし，他の作業のしやすい方法でしても構いません。
- 発生頻度，発生した場合の影響度は皆で話し合ってください。作業の効率を考えてあまり厳密にする必要はありません。
- リスクは「マイナスの影響があるもの」だけでなく，「プラスの影響があるもの」（例：新規プロジェクトの開始・他の団体との提携・マスコミ対応など）も考えてください。

〈リスク・カード〉 (例1)

㊟ ・ 物 ・ 金 ・ 情報 ・ その他

〈リスクの概要〉
リーダーや重要なスタッフの病気・けが。
特にリーダーのAさん,及びスタッフのBさんが不在であると,NPO活動がほとんどできなくなる。

〈発 生 頻 度〉　　　　　　〈発生した場合の影響度〉
　大・㊥・小　　　　　　　　　㊛ 中・小

〈リスク対策〉
重要な役割を複数で分担する。スタッフのための保険に加入する。リーダ不在時の意思決定のルールを作る。
以上を3か月以内に行う。

〈リスク・カード〉 (例2)

人 ・ 物 ・ 金 ・ ㊞情報 ・ その他

〈リスクの概要〉
＊＊イベントに対するマスコミの取材。
成功すれば認知度・イメージは向上する。しかし,間違った報道,誤解を受ける報道の恐れがある。

〈発 生 頻 度〉　　　　　　〈発生した場合の影響度〉
　大・中・㊟　　　　　　　　　大・㊥・小

〈リスク対策〉
マスコミ担当を決めておく。自分たちの活動をアピールする内容を原稿としてあらかじめ取材陣に渡す。活字になる前にチェックを入れる。

◆（作業３）リスク評価◆

- 「リスク・カード」を並べて，洗い出されたリスクを発生頻度と影響度でプロットし，リスクの優先順位をつけてください。
- 同じようなリスクがいくつか出てくることがあります。適宜まとめてください。
- 影響度と頻度がともに大きいリスクが重要度の高いリスクです。

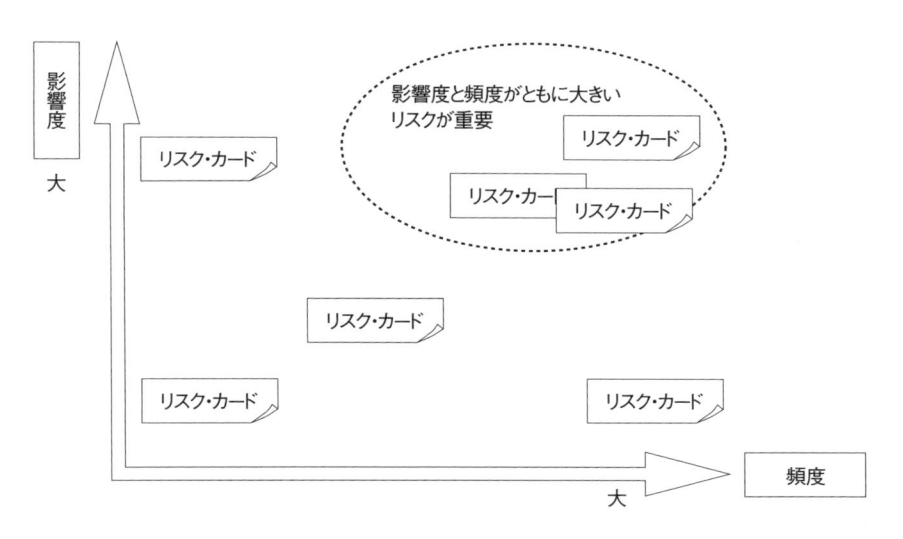

```
影響度
 ↑
 │        影響度と頻度がともに大きい
 │           リスクが重要
 │ [リスク・カード]    ┌─────────────┐
 │                    │  [リスク・カード]│
大│            [リスク・カード]         │
 │              [リスク・カード]        │
 │        [リスク・カード]              │
 │                                    │
 │ [リスク・カード]       [リスク・カード]
 │
 └──────────────────────→ 頻度
                  大
```

◆（作業４）リスク対策◆

- 重要度の高いリスクから，その対策を話し合って「リスク・カード」に記入してください。
- NPOの強みはその活動の支援者に様々な職種がいるところにあります。リスク対策はスタッフばかりでなく，専門家に相談してみるのも必要です。
- 頻度や影響度が低くても「法令違反」の恐れがある場合は，重要度の高いものとしてリスク対策を話し合ってください。

- リスク対策については，本書第4章「NPOのリスクマネジメントの実際」pp. 56-85にリスクへの対処法について具体例がありますので，それを参考にしてください。
- リスク対策については対策の分野・実行予定・予算・担当者などを入れて，できれば計画を立ててください。あるいはリスク対策を記入した「リスク・カード」を時系列的に並べるだけでも計画として効果があります。

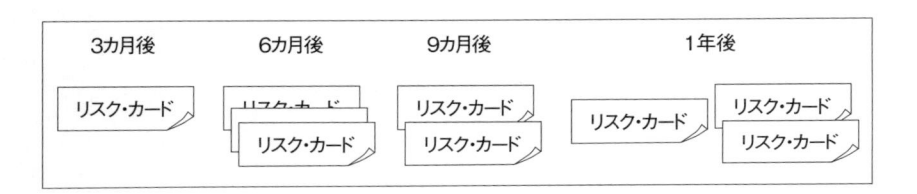

```
 3カ月後        6カ月後        9カ月後              1年後
┌─────────────────────────────────────────────────────────┐
│ ┌────────┐  ┌────────┐   ┌────────┐    ┌────────┐ ┌────────┐ │
│ │リスク・カード│ │リスク・カード│  │リスク・カード│   │リスク・カード│ │リスク・カード│ │
│ └────────┘  │リスク・カード│  │リスク・カード│    └────────┘ │リスク・カード│ │
│            └────────┘   └────────┘              └────────┘ │
└─────────────────────────────────────────────────────────┘
```

リスク対策には意外とすぐにできることが多くあるものです。
また，計画はスタッフに知らせることが大切です。

◆（作業5）リスクの見直し◆

- 上記作業1〜4を通して，定期的にリスクを見直してください。
- まずはNPO活動全体について行い，その後，大きなイベントや新規分野の活動だけを対象に行っても有効です。

＊コピーしてお使いください。

〈リスク・カード〉

　人　・　物　・　金　・　情報　・　その他

〈リスクの概要〉

〈発　生　頻　度〉　　　　　　　　　〈発生した場合の影響度〉
　　大・中・小　　　　　　　　　　　　　大・中・小

〈リスク対策〉

〈リスク・カード〉

　人　・　物　・　金　・　情報　・　その他

〈リスクの概要〉

〈発　生　頻　度〉　　　　　　　　　〈発生した場合の影響度〉
　　大・中・小　　　　　　　　　　　　　大・中・小

〈リスク対策〉

〈リスク・カード〉

　人　・　物　・　金　・　情報　・　その他

〈リスクの概要〉

〈発　生　頻　度〉　　　　　　　　　〈発生した場合の影響度〉
　　大・中・小　　　　　　　　　　　　　大・中・小

〈リスク対策〉

リスクマネジメントのためのワークシート

〈リスク・カード〉

　人　・　物　・　金　・　情報　・　その他

〈リスクの概要〉

〈発　生　頻　度〉　　　　　　　　〈発生した場合の影響度〉
　　大・中・小　　　　　　　　　　　　大・中・小

〈リスク対策〉

〈リスク・カード〉

　人　・　物　・　金　・　情報　・　その他

〈リスクの概要〉

〈発　生　頻　度〉　　　　　　　　〈発生した場合の影響度〉
　　大・中・小　　　　　　　　　　　　大・中・小

〈リスク対策〉

〈リスク・カード〉

　人　・　物　・　金　・　情報　・　その他

〈リスクの概要〉

〈発　生　頻　度〉　　　　　　　　〈発生した場合の影響度〉
　　大・中・小　　　　　　　　　　　　大・中・小

〈リスク対策〉

用語集

ALARP 原則（アラープ）

　　ALARP原則とはAs Low As Reasonably Practicableの略で，合理的に可能な限りリスクを下げるという原則をいう。リスクレベルを下げる活動にはコストがかかり，しかもリスクをゼロにすることは事実上困難である。またリスクによっては，それが便益を与えてくれる場合もある。リスクをゼロにすることが事実上困難であるので，リスク・コントロールに関しては，より現実的に対応し「合理的に可能な限りリスクを下げる」という原則が出てくる。

NPO の価値

　　企業価値と同じように「財産価値＋非財産価値」で成り立っている。財産価値は経済価値でもある。保有資産，事業利益，特許，ビジネスモデルなどがこれに含まれる。一方，非財産価値は「心の価値」というとわかりやすいかもしれない。すなわち，組織に対するロイヤリティ，信頼，尊敬などが該当する。そこで働く人々の働き甲斐や喜びなども含まれるといえるだろう。財産価値，非財産価値のどちらともいえる価値もあり，もともと財産価値と非財産価値は表裏不可分の関係で全体の価値を形成している。ボランティア精神で支えられているNPOの場合，まずは非財産価値を向上させることが大切である。

VAR（Value at Risk：バリュー・アット・リスク）

　　一定期間に一定の確率で，ポートフォリオの現在価値が最大どの程度の損失を被る可能性があるのかを示す値であり，またそれを算出す

る統計的手法。たとえば，VAR 3億円（保有期間1週間），信頼区間95％とは，現時点のポートフォリオを1週間保有した場合の予想最大損失額は，95％の確率で3億円以内に収まることを示している。

オペレーショナル・リスク
　　商品の生産・販売等に必要な人，プロセス，技術に関わるリスクであり，具体的にはシステム・リスク，ヒューマン・エラー・リスク他をいう。

企業価値
　　企業価値とは，企業の提供する商品・サービスが利害関係者に与える経済的価値（価格，品質，安全性などが生み出す価値）と，企業行動全般（経済的側面や企業の環境や人間への配慮などの社会的側面への配慮）が彼らに与える非経済的価値（評判，信用，イメージなどによる目に見えない価値）とのトータル的価値をいう。

企業の持続可能性（Sustainability）
　　企業や組織の持続可能な発展とは，環境だけでなく，社会や経済への配慮が必要であるという考え。

企業の社会的責任（Corporate Social Responsibility, CSR）
　　CSRには様々な定義があり，また，内容が漠としてつかみどころがないとも言われるが，「企業はその活動において，単なる利益追求ではなく，社会（マルチステークホルダー）を意識した行動をとり，社会の健全な発展に寄与すべきである」というのが概ね共通した概念である。

許容リスク
　　リスクの大きさ及び対応可能な企業資源また社会的要因などの諸要因を踏まえて，企業側が許容できるリスクをいう。

金融リスク

　企業の投融資に関わるリスクで，信用リスク（債務不履行リスク），為替リスク，株価変動リスク，流動性リスクなどをいう。

現代的リスクマネジメント

　オーストラリア，ニュージーランド両国によるRMの国際規格の見解を示す。RMとは，組織のあらゆる活動，機能，プロセスに伴うリスクがもたらす損失を最小化するとともに，リスクがもたらす好機が最大になるように，論理的，システム的に，状況の確定，リスクの特定，分析，評価，処理，監視及びコミュニケーションすることをいう。RMとは損失を回避，軽減するとともに好機を発見することである。

コンプライアンス・リスク

　コンプライアンス（compliance）とは法令遵守のことである。広い意味では組織が社会倫理を守ることも含まれる。組織が法令や社会倫理に違反することは，対外的に信用を失うばかりでなく社会的な制裁を受ける場合もめずらしくない。また，組織内部においても組織に対する忠誠心やプライドを傷つけることにもなる。結果として組織存亡の危機を招くくらい重要なリスクともいえる。また，特に専門領域においては法令遵守が必ずしも社会常識とは一致しないことがあり，悪気がないのにも関わらず法令違反を犯すことがある。よって，コンプライアンス・リスクは意図して対策をとっておく必要があるリスクである。

残余リスク

　リスク処理後（回避，最適化，転嫁，保有）になお残っているリスク。

事業機会リスク

　すべてのビジネスチャンスには必ずリスクが伴い，リスクが増せば潜在的なリターンも増すが，失敗するリスク，他のビジネスチャンスを逃してしまうリスクなども存在する。例としてM&A，戦略的提携，ジョ

イントベンチャー，新製品開発，技術開発などがある。

持続可能な社会

　　未来社会の人々が幸せに暮らせる社会のことであり，それは，我々現世代の責任において構築しなければならない。1992年の国連リオサミットによって初めて考え方が提唱された。また，この持続可能な社会の実現の大きな阻害要因となっているのが貧困問題（南北問題）と環境問題であり，この両者は密接な関係を持っている。

社会企業家

　　社会問題の解決や社会の変革を事業として解決しようとする企業・組織をいう。

社会的責任投資（SRI＝Socially Responsible Investment）

　　企業の収益性や成長性だけでなく，社会的責任の観点からも総合的に評価して投資対象とすることにより，資本市場から良い企業をサポートしようとするコンセプト。

ステークホルダー

　　利害関係人と訳されるが，必ずしも利害関係があるものではない。企業が存続していく上で，直接・間接に影響がある人々・組織を指す。具体的には株主・従業員・顧客・取引先などとなる。企業は各種ステークホルダーとバランスをとりながら，そのステークホルダーとの共存共栄を図る必要があり，その意味においてマルチステークホルダーとして認識し，多角的にステークホルダーに対処していくことが重要である。

ストレステスト

　　想定される環境悪化のシナリオを勘案する分析手法。

戦略的リスク
　　　企業内の中間管理職及び上級管理職の意思決定プロセスに関するリスクであり，具体的には法律・規制に関するリスクや企業の戦略が企業価値に与えるプラスとマイナスの可能性。

ターンバル・ガイダンス（Turnbull Guidance）
　　　2000年12月23日以降，ロンドン証券取引所上場のすべての企業を対象に適用されたガイダンスで，企業がリスクベースの効果的な内部統制システムを採用することを強調している。

トリプル・ボトム・ライン
　　　英国サスティナビリティ社ジョン・エルキントンによる新しいコンセプトで，企業のパフォーマンスを経済性，環境適合性，社会適合性の3つの観点から評価する考え。

トレーサビリティ（Traceability）
　　　生産・販売履歴の追跡可能性のこと。生鮮食品の生産者や食品メーカーが生産や販売に関する様々な情報を管理し，開示することで追跡可能にする。食品メーカーの品質管理強化に役立つほか，消費者も監視の目を光らせやすくなる（日経産業新聞，2003年5月1日）。

内部統制
　　　COSO（トレッドウェイ委員会組織委員会）の定義では，広義には①業務の有効性と効率性，②財務報告の信頼性，③関連法規の遵守の達成に関して，合理的な保証を提供することを意図した，企業の取締役会，経営者及びその他の構成員によって遂行されるプロセスをいう。次の5つの要素から構成される。①統制環境（組織全体の取り組む姿勢），②リスク評価，③統制活動（リスクの予防と早期警戒），④情報と伝達（組織のあらゆる階級での情報伝達），⑤監視活動（内部監査）。

ハザード・リスク

　　従来の伝統的なRMにおいては，通常ハザードという言葉を用いる場合，その意味はリスクやペリルの発生頻度や損害の大きさに影響を与える潜在的要因をいう。しかし本書におけるハザード・リスクとは「通常の企業の運営環境を逸脱したところから生じた不測の出来事に関するリスク（しばしば保険可能なリスクと考えられている）」をいう。

ビジネス・リスク

　　企業価値にプラスとマイナスの可能性を与える不確実性。

無形資産価値

　　他者へ移転できる知的所有権，たとえば特許権，商標などの知的財産と，同じく無形資産価値であるが，こうした法的権利ではなく他者に移転もできない目に見えない無形資産，たとえば革新的商品，ブランド価値，企業イメージ，評判，優れた人材の雇用，戦略的提携などがある。

有形資産価値

　　会計データを基にして金銭に見積もることのできる資産。たとえば設備，土地，金融資産などがそれであり，これらは利益，売上高，総資本，市場シェアなどで測られる。

リスク

　　損失とチャンスの双方に関する不確実性。

リスク・アセスメント

　　リスク分析とリスク評価を含む全体的プロセスをいう（ここで検討しているリスク・アセスメント，リスク分析，リスク評価，リスク基準，リスク認知の用語は主にISO/IEC GUIDE 73参照）。

リスク基準
　　　重大なリスクを決めるための基準をいい，関連コストと便益，規制や法的要件，社会・経済的及び環境への影響，利害関係者の関心他が含まれる。

リスク記録
　　　リスク評価を行った時点における包括的な優先すべき重大リスクの記録をいう。

リスク・コミュニケーション
　　　単に効果的なPRや危機発生時のコミュニケーション策のことを意味するものではなく，企業のリスクに関する意思決定者が，企業目標達成に向け，内外の利害関係者とリスク情報を十分共有し，相互理解した上で双方向の対話と協議を進めることを意味する。

リスク・コントロール
　　　リスクがもたらすマイナス影響を軽減・回避するための諸活動をいう。

リスク生産性（Risk Productivity）
　　　英国のPaul Hopkinの主張する概念で，RMが企業の使命達成にどれだけ貢献したかを明確にするものであり，彼はリスク生産性達成までには12のステップがあることを示している。

リスク認知（知覚）
　　　利害関係者が価値観や関心に基づきリスクをどうみているかの見方，考え方をいう。リスク認知は利害関係者のニーズや知識などにより異なる。

リスクの最適化 (Optimization of Risk)

　　企業価値（企業の利害関係者の価値）最大化のためリスクにより生じるロスの最小化と同時にリスクに潜むチャンス，利益の最大化を図ることをいう。

リスクの統合化

　　企業に関わるすべてのリスクを統合して管理するRMアプローチであり，現代的RMの1つの特徴でもある。Integrated RM, Holistic RMといった最近のRMの概念を端的に示しているキーワードに合致するものである。

　　筆者は「リスクの総合的・包括的対応」を下記の2つの点から捉えている。

　　第1は，組織のリスクを各部署（例：生産，販売，財務，人事などの各部署）で個別に捉え，個別にRMするのではなく，個別に管理しているリスクをさらに特定箇所で一括的に管理することである。

　　第2の統合化は第1の統合化よりもより高度なもので，損失の発生事由に相関関係のないリスク（例：地震リスクと為替変動リスクなど）を統合させて一元的に管理することにより，リスク・コストを削減し，その削減できたコスト部分を経営戦略やマーケティング戦略に再配分し，他社との差別化を強化し企業価値向上に結びつけるものである。

リスク評価

　　重大なリスク発見のため，リスク分析されたリスクとリスク基準とを比較し，リスクに優先順位をつけていくプロセス。

リスク・ファイナンス

　　リスクがもたらすマイナス影響を移転，保有するための資金の計画的積み立てをいう。

リスク分析
　　リスクやリスクの源泉を発見し，それをリスクの発生頻度と影響の強さの視点から定量的，定性的に測定し，図表化すること。

リスク・ポートフォリオ理論
　　リスクのある資産を１つに集中させず，運用先を分散して，異なるパターンのリスクのある資産を組み合わせると，リスクを小さくできるという理論。

リスク・マップ
　　リスク発生頻度とリスクがもたらす影響の強さをプロットしたものをいう。リスクの影響がマイナス影響かプラスの影響かによって，それぞれマイナス・リスク・マップ及びプラス・リスク・マップがあり，双方の影響を考慮したリスク・マップが望ましい。

レピュテーション・リスク
　　レピュテーション（reputation）とは評判のことである。広い意味では組織に対するイメージも含まれる。組織の評判・イメージは必ずしも組織の実態と同じではない。日本には陰徳を積めばいつかは報われるという思想があるが，特にマスコミなどにおいては組織の実態とは異なる報道をすることも多く，残念ながら評判の良し悪しが組織の存続を大きく左右することも珍しくない。

■ 著者紹介

上田　和勇（うえだ　かずお）　3章・5章2担当

早稲田大学商学部卒業，安田火災海上保険㈱入社，その後，早稲田大学大学院商学研究科修士課程修了，及び同博士課程修了。
専修大学助手，専任講師，助教授を経て教授，現在に至る。
商学博士（早稲田大学）所属学会　日本リスクマネジメント学会（理事長），日本保険学会

[主な著書]
『保険市場と消費者―英米の実態と教訓－』成文堂，1994年
『英国の保険マーケテイング―日本への教訓－』保険毎日新聞社，1997年
『保険の情報開示―先進各国の実態と我が国への教訓－』同文舘出版，2000年
『環境変化と金融サービスの現代的課題』編著・第2章 pp. 14 - 38，第6章 pp. 114 - 147，白桃書房，2002年
『現代金融サービス入門－ゼロから学ぶ金融の役割（第2版）』編著，白桃書房，2006年
『基本リスクマネジメント用語辞典』亀井利明監修，編著，同文舘出版，2004年
『企業価値創造型リスクマネジメント（第4版）』白桃書房，2007年
『企業経営とリスクマネジメントの新潮流』編著・岩坂健志共著，白桃書房，2009年

岩坂　健志（いわさか　たけし）　1章・2章・4章・5章1,3担当

上智大学法学部法律学科卒業・東北大学大学院環境科学研究科修了
修士（環境科学）

興亜火災海上保険株式会社（現日本興亜損害保険株式会社）入社，財務部・ニューヨーク駐在・ロンドン駐在・経営企画部CSR担当などを経て，現在はサンケァフューエルス株式会社取締役

[主な著書]
『現代金融サービス入門―ゼロから学ぶ金融の役割（第2版）』上田和勇編著・共著，白桃書房，2006年
『気候変動＋2℃』山本良一責任編著・共著，ダイヤモンド社，2006年
『環境福祉の理論と実践』炭谷茂編著・共著，環境新聞社，2006年

日本リスクマネジメント学会会員，環境福祉学会会員
日本証券アナリスト協会検定会員（CMA），国際公認投資アナリスト（CIIA），消費生活アドバイザー

■NPOのリスクマネジメント－NPO経営　成功の鍵－

■発行日──2009年11月26日　初版発行　　　　　　〈検印省略〉

■著　者──上田和勇，岩坂健志

■発行者──大矢栄一郎

■発行所──株式会社　白桃書房
　　　　　〒101-0021　東京都千代田区外神田5-1-15
　　　　　☎03-3836-4781　📠03-3836-9370　振替00100-4-20192
　　　　　http://www.hakutou.co.jp/

■印刷・製本──藤原印刷

Ⓒ Kazuo Ueda, Takeshi Iwasaka 2009 Printed in Japan　ISBN 978-4-561-24521-6 C3034

JCOPY　〈(社)出版者著作権管理機構　委託出版物〉
本書の無断複写は著作権法上の例外を除き禁じられています。複写される場合は，
そのつど事前に，(社)出版者著作権管理機構（電話03-3513-6969, FAX 03-3513-6979,
e-mail：info@jcopy.or.jp）の許諾を得てください。
落丁本・乱丁本はおとりかえいたします。

上田和勇　著

企業価値創造型リスクマネジメント【第4版】
その概念と事例

企業目標や利害関係者の期待達成に役立つ現代的リスクマネジメントのあり方を，企業価値向上とリスク，その管理の視点から検討。AS/NZS 4360の考え方や用い方，リスク情報開示の問題等を事例により解説。

ISBN978-4-561-95110-0 C3034　A5判　224頁　2,400円（税別）

上田和勇　編著　岩坂健志　著

現代金融サービス入門【第2版】
ゼロから学ぶ金融の役割

これから金融サービス（銀行，証券，保険）を学ぼうとする人々に，その基礎について出来るだけ平易に解説したテキスト。とくに企業人になる若い人々に対し，「企業とは何か」「金融サービスと企業の関わりは」などについて熱く語る。

ISBN978-4-561-95106-3 C3033　A5判　196頁　2,000円（税別）